냥냥이랑 **어휘로 과학 쓱**

이은경, 박명선 지음

초등 3·1

학교는 재미있는데, 수업 시간은 좀 별로예요. 어렵고, 지루하고, 딱딱하고, 답답해요. 공부하기 싫어서 그런 것만은 아닌 것 같아요. 오늘은 열심히 해봐야지, 나도 공부 잘하고 싶어, 라고 굳게 결심한 날에도 수업 시간은 여전히 어렵고, 지루하고, 딱딱하고, 답답하거든요.

대체 나는 왜 이럴까요? 혹시 이런 고민해 본 적 있나요?

수업 시간이 지루하고 힘들어서 빨리 끝나기만을 바라는 우리 친구들의 딱한 표정을 안타깝게 바라보던 냥냥이 친구들이 있었어요. 이 친구들이 모두 모여 오랜 시간 고민한 끝에 드디어 그 이유를 찾아냈지요. 범인은 바로, 교과서 속 어휘! 어휘를 모르니 내용을 이해할 수 없는 거였어요.

우리 친구들이 보는 교과서에는 도저히 무슨 뜻인지 알 수 없는 어휘들이 툭툭 자꾸 튀어나와요. 이제 막 공부라는 것에 도전하려는 우리 친구들에게는 교과서 본문 속 어휘들이 너무나 낯설게 느껴졌을 거예요.

어휘의 뜻만 미리 알고 있었다면 척척 이해되고 기억되었을 내용인데, 겨우 그것 때문에 지금껏 교과서와 친구가 되지 못했다니 억울할 지경이에요.

그래서 냥냥이 친구들이 '짠' 하고 이렇게 나타났어요. 공부를 열심히 해서 시험도 백 점 맞고 싶고, 나만의 소중한 꿈도 이루고 싶고, 오래오래 기억될 훌륭한 사람이 되고 싶은 친구들을 위해 꼭 기억해야 할 어휘를 골라 주고, 설명해 주고, 교과서에서 찾아 주고, 퀴즈도 내줄 거예요. 어휘 공부가 끝나면 새롭게 알게 된 어휘를 내 것으로 만들어버릴 교재가 기다리고 있으니 활용해 보세요.

이제 냥냥이가 이끄는 대로 즐겁게 한 발씩 따라가기만 하면 돼요. 그럼 자연스럽게 수업 시간이 만만하고, 즐겁고, 시간이 후딱 지나가는 제법 해볼 만한 도전이 될 거예요.

새롭고 힘찬 새학년의 시작을 응원하며
냥냥이 친구들이 🐾

이 책의 구성과 특징

배울 개념어의 뜻을 설명한다.

01 감각

1. 과학 탐구

눈, 코, 귀, 혀, 피부를 통하여 바깥의 어떤 자극을 알아차림

개념어가 한자어인 경우 그 음과 뜻을 알려 주고, 한자어가 아닌 경우 개념어의 어원이나 유래, 비슷한 말 따위를 설명한다.

어휘교실

손의 감각만 이용해서 맞춰 봐.

아, 느낌이 오네!

感 느낄 **감**

覺 깨달을 **각**

교과서에서 개념어가 사용된 문장을 알려 주어 개념어에 대한 이해를 높인다.

교과서 속 어휘찾기

• 관찰할 때에는 눈, 코, 귀, 입, 피부 따위의 **감각** 기관을 사용한다.

• 우리가 가지고 있는 **감각** 기관인 눈, 코, 귀, 입, 피부의 다섯 가지 **감각**인 오감을 이용해 여러 가지 말린 과일을 살펴볼 수 있다.

14

**어휘친구**를 부탁해!　　　　　　　　　　　　　　　　　　　　감각? 오감?

🐱 저 빨갛고 동그란 사탕에서 달콤한 냄새가 나! 난 역시 후각이 발달했어.

😺 후각이 뭐냥?

🐱 네가 사탕을 빨갛고 동그란 모양이라고 눈으로 보는 것을 '시각'　
　를 맡아서 느끼는 것을 '후각', 사탕을 먹을 때 나는 소　
　맛을 보는 것을 '미각', 손으로 사탕을 만지는 것을 '촉각'이라　

😺 사탕을 눈, 코, 귀, 입과 손을 이용해 느낄 수 있네?

🐱 그렇지. 그리고 이 다섯 가지 감각을 합하여 오감이라고 한다냥!

> 개념어의 확장된 의미에 대해 알려 주어 개념어만 공부하는 것이 아니라 폭넓은 어휘를 학습할 수 있게 한다.

**퀴즈대결**

1. 눈, 코, 귀, 혀, 피부를 통하여 바깥의 자극을 알아차리는 것은 (감각, 각각)이다.

2. 다음 중 우리 몸에서 느끼는 감각이 **아닌** 것은?

① 시각　　　　　② 청각　　　　　③ 총각　　　　　④ 미각

> 간단한 형태의 퀴즈를 풀며 개념어를 이해했는지 확인한다.

어쩌냥의 하루

> 개념어를 사용한 재미있는 냥냥이들의 만화를 통하여 자연스럽게 개념어를 한번 더 인지시킨다.

냥냥이의
서술어 충전소

늘어나다

재산이 늘어나다, 고무줄이 늘어나다, 사람 수가 늘어나다, 시간이 늘
어나다. 여기에 쓴 '늘어나다'는 어떤 뜻일까? 맞아. 원래보다 무엇
인가가 더 많아지거나 길어지거나 커지는 것을 의미할 때 '늘어나
다'라고 해. 난 키가 쑥 하고 늘어났으면 좋겠어.

서술어에 대한
뜻과 활용한 문장을
설명한다.

비슷한 말   반대말

서술어
친구들

많아지다

어지다

늘어나다

줄어들다

증가하다

서술어의 비슷한 말과
반대말을 알아본다.

개념어랑
서술어랑

감각, 맥박, 무리 + 늘어나다

맛집 투어해 봤니? 식사 시간이 가까워질수록 순서를
기다리는 무리는 점점 늘어나고, 맛있는 냄새가 내 감각
들을 깨우지. 내 앞의 사람보다 내 뒤의 사람이 늘어날
수록 내 맥박은 점점 빨라져.

빨리 내 순서가
되었으면 좋겠다.

맛집 줄

각 단원에서 배운 개념어와
서술어를 조합하여 개념어와
서술어가 아우러진 문장을
학습한다.

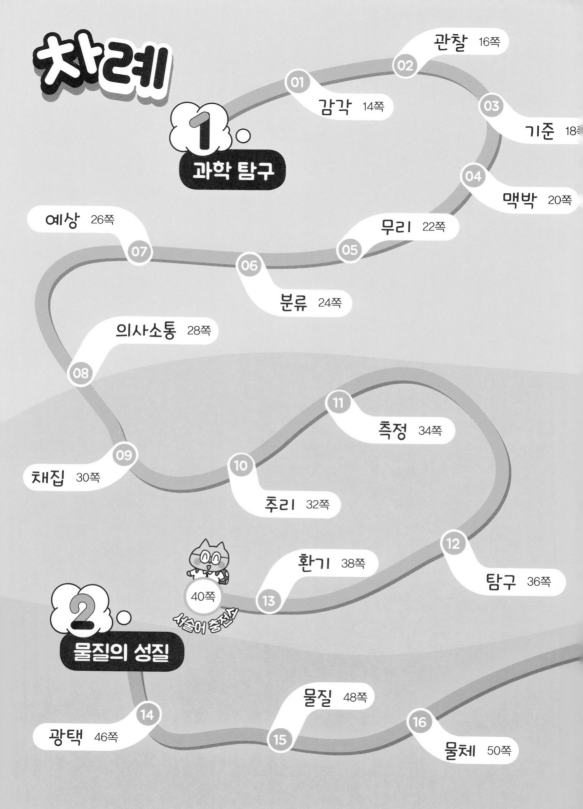

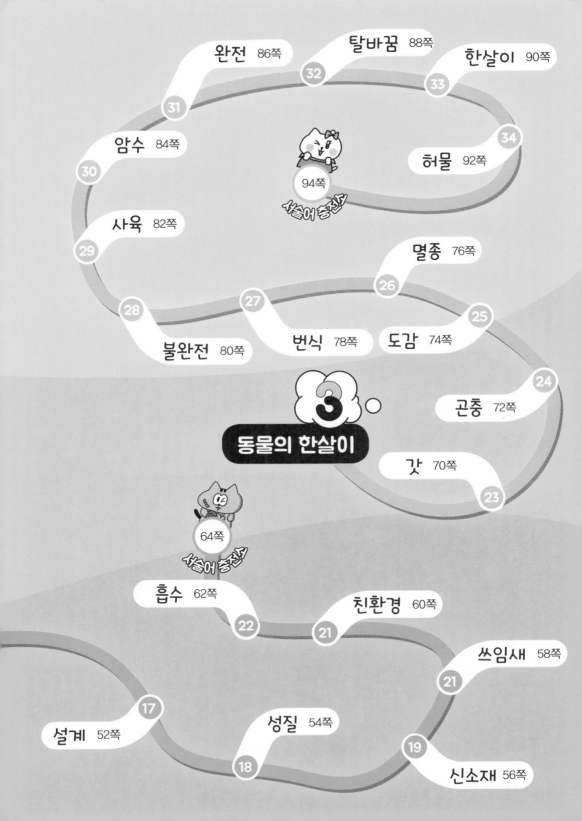

등장 인물 소개

괜찬냥
언제나 친구들을 먼저 따뜻하게 챙긴다.
친구에게 어려움이 있을 때 괜찮냐고 묻고 도와준다.

머라냥
친구들의 말을 열심히 안 듣고 있다가
나중에 엉뚱한 소리를 한다.

예쁘냥
예쁘고 발랄한 공주님 같은 고양이.
예쁜 것을 보면 정신을 못차리고 갖고 싶어 한다.

모르냥
잘 몰라서 새로운 내용이 나올 때마다 깜짝 놀란다.
친구들이 알려 주면 고마워한다.

알갓냥
똑똑하고 아는 게 많고 책을 좋아하고 자신감이 넘치고
잘난 척을 한다.

어쩌냥
사고를 치고 덜렁거리며 구멍이 많지만 해맑다.
일부러 그러는 건 아니지만 친구들에게 피해를 줄 때도 있다.

과학 탐구

무엇을 배우나요?

1단원은 실제 과학자들이 주변 현상을 어떻게 탐구하는지와 관련된 이야기가 담겨 있어요.
과학자들이 주변 현상을 탐구할 때는 관찰, 분류, 측정, 예상, 추리, 의사소통 따위의
여러 가지 탐구 방법을 이용한다는 것을 이해하고 경험하도록 해요.

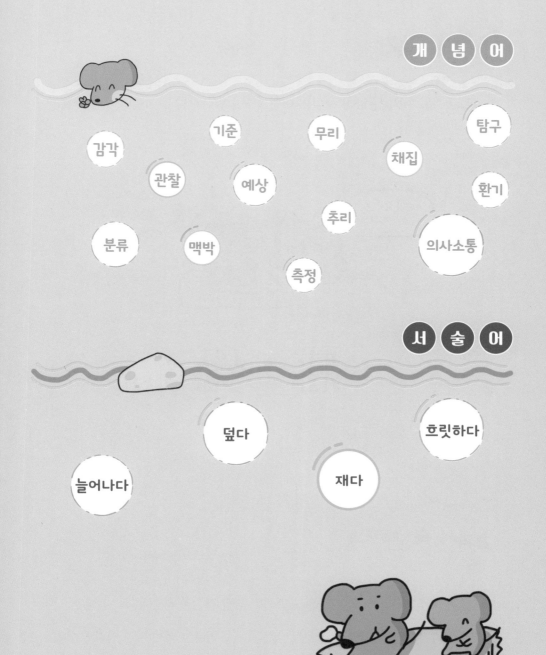

개 념 어

탐구

기준   무리

감각   채집

관찰   예상   환기

추리

분류   맥박   의사소통

측정

서 술 어

덮다   흐릿하다

늘어나다   재다

01 감각

눈, 코, 귀, 혀, 피부를 통하여 바깥의 어떤 자극을 알아차림

어휘교실

손의 감각만 이용해서 맞춰 봐.

아, 느낌이 오네!

感 느낄 **감**

覺 깨달을 **각**

교과서 속 어휘찾기

- 관찰할 때에는 눈, 코, 귀, 입, 피부 따위의 **감각** 기관을 사용한다.

- 우리가 가지고 있는 **감각** 기관인 눈, 코, 귀, 입, 피부의 다섯 가지 **감각**인 오감을 이용해 여러 가지 말린 과일을 살펴볼 수 있다.

 를 부탁해!   감각? 오감?

🐱 저 빨갛고 동그란 사탕에서 달콤한 냄새가 나! 난 역시 후각이 발달했어.

🐱 후각이 뭐냥?

🐱 네가 사탕을 빨갛고 동그란 모양이라고 눈으로 보는 것을 '시각', 사탕의 냄새
를 맡아서 느끼는 것을 '후각', 사탕을 먹을 때 나는 소리를 듣는 것을 '청각',
맛을 보는 것을 '미각', 손으로 사탕을 만지는 것을 '촉각'이라고 하지.

🐱 사탕을 눈, 코, 귀, 입과 손을 이용해 느낄 수 있네?

🐱 그렇지. 그리고 이 다섯 가지 감각을 합하여 오감이라고 한다냥!

1. 눈, 코, 귀, 혀, 피부를 통하여 바깥의 자극을 알아차리는 것은 (감각, 각각)이다.

2. 다음 중 우리 몸에서 느끼는 감각이 <u>아닌</u> 것은?

    ① 시각   ② 청각   ③ 총각   ④ 미각

어쩌냥의 하루

15

 **관찰**

사물이나 현상을 주의하여 자세히 살펴봄

뭐해?

돋보기로 네 얼굴을 자세히 관찰하고 있잖냥!

觀 볼 관

察 살필 찰

교과서 속 어휘찾기

- 과학 탐구를 할 때 가장 먼저 해야 할 일은 대상을 관찰하는 것이다. 관찰은 탐구하려고 하는 대상의 특징을 자세히 살펴보는 일이다.

- 관찰 결과는 관찰하여 알아낸 사실만 기록해야 한다.

어떤 것을 주의 깊게 살펴보는 것을 '관찰'이라고 하잖아. 관찰과 비슷한 말이 뭔지 아냥?

'~을 조사하다'라고 하잖아. 조사가 비슷한 말 같은데?

응, 맞아. '조사'도 알고 싶어 자세히 살펴보거나 찾아보는 것을 의미해.

그런데 '꽃을 관찰하다'는 눈앞에 보이는 물체를 꼼꼼하게 살펴보는 것이라면, '꽃을 조사하다'는 그것에 대한 자료를 통해 더 자세히 살펴보는 것이야.

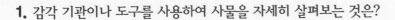

1. 감각 기관이나 도구를 사용하여 사물을 자세히 살펴보는 것은?

　① 관찰　　　　　② 관장　　　　　③ 감찰　　　　　④ 곤충

2. 다음 중 작은 것을 크게 보이도록 만든 관찰 도구는?

　① 자　　　　　② 핀셋　　　　　③ 돋보기　　　　　④ 가위

모르냥의 하루

03 기준

기본이 되는 표준

基
터 **기**

準
준할 **준**

교과서 속 어휘찾기

- 과학적인 분류 **기준**을 세우면 누가 분류하더라도 같은 분류 결과가 나온다.

- 분류 **기준**은 누가 분류하더라도 같은 결과가 나올 수 있도록 세워야 한다.

- 대기 가스 배출량이 **기준**을 초과했다.

 **기준을 정할 때 꼭 생각해야 할 점!**

😺 마트에 가는 엄마께 맛있는 것을 사다 달라고 했는데 참치를 사 오셨어.

😺 진짜 맛있겠다냥!

😺 무슨 소리야? 맛있는 건 연어지, 어떻게 참치가 맛있을 수가 있어?

😺 맛있는 것에 대한 기준이 다 다르구나.

1. 구별하거나 정도를 판단하기 위하여 그것과 비교하기 위한 기본이 되는 표준은?

　① 기술　　　　　② 기분　　　　　③ 기준　　　　　④ 기름

2. 과학적인 분류 기준을 세우면 누가 분류하더라도 같은 결과가 나온다. (O , X)

알갓냥의 하루

04 맥박

심장의 박동으로 심장에서 나오는 피가 얇은 피부에 분포되어 있는 동맥의 벽에
닿아서 생기는 주기적인 파동

줄기 **맥**

두드릴 **박**

교과서 속 어휘찾기

- 심장이 뛰는 것은 손목이나 목 옆에 손가락을 대 보면 느낄 수 있는데, 이것을
  맥박이라고 한다.

- 달리기를 하고 나면 **맥박**이 빨라지고 고르지 못하다.

20

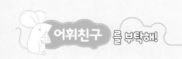

줄기를 뜻하는 말, '맥'

맥박이나 동맥의 '맥' 자는 '줄기'를 뜻하는 말이야. 우리 몸의 피가 지나가는 혈관이 줄기 모양이라서 맥이라는 글자가 붙은 거지.

혈관 중 동맥, 정맥도 모두 줄기라는 뜻이겠네.

그렇지. 또 식물의 잎에 가늘게 뻗어 있는 줄기 모양을 잎맥이라고 해.

줄기를 뜻하는 '맥' 자가 생각보다 많다냥!

1. 심장의 박동으로 심장에서 나오는 피가 얇은 피부에 분포되어 있는 동맥의 벽에 닿아서 생기는 주기적인 파동은?

① 문맥   ② 동맥   ③ 정맥   ④ 맥박

2. '맥' 자가 '줄기'라는 뜻으로 쓰이는 경우가 <u>아닌</u> 것은?

① 동맥   ② 잎맥   ③ 맥도널드   ④ 맥박

모르냥의 하루

21

05 무리

사람이나 짐승, 사물 따위가 모여서 뭉친 한 동아리

어휘교실

왜 자꾸 무리 지어
따라다니는 거야?
난 혼자 있고 싶다냥!

우리말로 '떼' 라고도 하며, '떼로 몰려다니다', '떼거리',
'떼창' 따위의 표현으로 사용되기도 한다.

교과서 속 어휘찾기

• 관찰한 특징 가운데 하나를 기준으로 두 무리로 나누어 본다. 어떤 기준으로
무리 지었는지 친구들과 이야기해 본다.

• 이제까지 탐구한 내용을 바탕으로 동물을 두 무리로 나눠 본다.

 **어휘친구** 를 부탁해!

나 요즘 너무 무리했나 봐. 코피가 났다냥!

내가 방금 배운 '무리'는 여럿을 의미하는데, 지금 네가 무리했다는 건 네가 여럿이라는 말인가?

하하, 아니. 이 '무리'는 어떤 정도에서 지나치게 벗어났다는 뜻이다냥! '무리한 부탁', '내 능력으로는 무리야.'라고 말할 때처럼 말이야.

내가 그것까지 알고 있을 거라 기대한 건 무리야.

 냥냥이와 **퀴즈대결**

1. 사람이나 짐승, 사물 따위가 모여서 뭉친 한 동아리는 (마무리, 무리)이다.

2. 다음 중 '무리'를 뜻하는 말이 <u>다른</u> 하나는?

① 밤하늘의 별이 무리를 지어 빛난다. ② 저 동물은 무리 지어 다니는 종이다.

③ 냥냥이들은 무리 지어 다닌다. ④ 아이가 물건을 꼼꼼히 관리하는 것은 무리다.

예쁘냥의 하루

23

06 분류

종류에 따라서 가름. 여러 개의 물체나 사물이 있을 때 기준을 정해 나누는 것

어휘교실

비슷한 색의 과일 끼리 분류했더니 더 먹음직스러워 보여.

먹을 건 어떻게 먹어도 맛있어.

分
나눌 **분**

類
무리 **류(유)**

교과서 속 어휘찾기

- 분류는 탐구 대상의 공통점과 차이점을 찾고, 이것을 바탕으로 기준을 세워 무리 짓는 것이다.

- 탐구 대상의 특징에 따라 무리 짓는 것을 **분류**라고 한다.

- 관찰한 내용에서 특징을 찾고, **분류** 기준을 세워 **분류**한다.

 **어휘친구** 를 부탁해!

분류에는 기준이 필요해!

- 난 예쁜 볼펜과 안 예쁜 볼펜으로 분류해야지!

- 나도! 어? 그런데 왜 너와 내가 나눈 게 다르냥?

- 너와 내가 예쁘다고 생각하는 기준이 달라서지!

- 분류할 때 기준은 누가 분류해도 같은 결과가 나올 수 있도록 해야 하는데, 깜빡했다냥! 그러면 이번에는 볼펜을 색깔별로 분류해 볼까?

 **퀴즈대결**

1. 물건을 종류에 따라서 가르는 것은?

① 분류 　　　　　② 분수 　　　　　③ 분석 　　　　　④ 분출

2. 다음 중 바른 분류 기준은?

① 예쁜 친구와 안 예쁜 친구 　　　　② 머리카락이 짧은 친구와 긴 친구

③ 공부를 잘하는 친구와 못하는 친구 　　④ 남자 친구와 여자 친구

알갓냥의 하루

25

07 예상

어떤 일을 직접 당하기 전에 미리 생각하여 둠. 또는 그런 내용

豫 — 미리 **예**
想 — 생각 **상**

교과서 속 어휘찾기

• 관찰한 사실이나 이미 경험한 것을 바탕으로 규칙을 찾아 **예상**할 수 있다.

• 어떤 사물이나 현상을 관찰하거나 측정한 결과를 바탕으로 앞으로 일어날 수 있는 일을 생각하는 활동을 **예상**이라고 한다.

예상, 예측, 예견은 비슷한 말?

예상, 예측, 예견은 다 비슷한 말이지? 다 미리 하는 거잖아.

맞아. '예' 자는 한자로 '미리'라는 뜻이 있어. '예측'은 앞으로의 일을 미리 추측한다는 거고, '예견'은 앞으로 일어날 일을 미리 짐작한다는 뜻이지.

아! 그래서 다 '예' 자가 있구나.

도착 예정 시간이라고 말할 때의 예정을 예상으로 바꾸어 써도 괜찮겠네. 어휘를 풍부하게 아니까 똑똑해진 느낌이다냥!

1. 어떤 일을 직접 당하기 전에 미리 생각해 두는 것은?

① 예술   ② 예상   ③ 협상   ④ 정상

2. 예상과 비슷한 말이 <u>아닌</u> 것은?

① 예견   ② 예정   ③ 예민   ④ 예측

괜찬냥의 하루

08 의사소통

가지고 있는 생각이나 뜻이 서로 통함

意	思	疏	通
뜻 **의**	생각 **사**	소통할 **소**	통할 **통**

교과서 속 어휘찾기

- 과학자는 자신이 탐구한 결과를 알리며 다른 사람들과 생각이나 정보를 주고 받는데, 이것을 **의사소통**이라고 한다.

- **의사소통**을 할 때는 말, 몸짓, 글, 그림 따위의 다양한 방법을 사용할 수 있다.

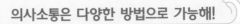

의사소통은 다양한 방법으로 가능해!

문자를 통해 의사소통을 하다 보면 여러 가지 문제가 생기기도 해. 나는 그런 뜻으로 말한 게 아닌데 글자만 보고 오해하기도 하거든.

맞아. 나도 그런 적 있어. 말로 하면 표정이나 말투, 몸짓 따위를 보고도 그 의미를 알 수 있는데, 글자만 보면 어떤 생각으로 쓴 것인지 알기 어려울 때가 많거든.

문자로 의사소통을 할 때도 내 마음을 더 잘 전달하기 위해 애써야겠다냥!

1. 가지고 있는 생각이나 뜻이 서로 통하는 것은?

① 의사소통   ② 의사   ③ 소식   ④ 의사 결정

2. 의사소통을 할 때에는 말 외에 몸짓, 글, 그림 따위의 방법은 사용할 수 없다.

(O, X)

어쩌냥의 하루

29

채집

널리 찾아서 얻거나 캐거나 잡아 모으는 일

어휘교실

뭐하는 거야?

나비 채집 중이야.

캘 **채**

모을 **집**

교과서 속 어휘찾기

- 동식물은 필요한 만큼만 채집한다.

- 채집한 곤충을 표본으로 만든다.

- 사람은 초기에는 수렵과 채집으로 먹을 것을 구하였다.

30

원시 시대 사람들은 동식물을 채집하면서 살았대. 요즘에는 채집할 일이 없겠지?

난 어제도 곤충 채집을 다녀왔는걸? 그리고 해녀들이 전복이나 굴을 따는 것도 채집이라고 하고, 민요와 문화유산을 찾아 모으는 것도 채집이라고 한다냥.

나는 요즘 인형을 모으는데, 그것도 채집이라고 해?

그때는 보통 '수집'이란 어휘를 쓴다냥! 수집과 채집 모두 모은다는 뜻이지만, 채집은 주로 동식물에 많이 쓰고, 수집은 취미나 연구를 위해 물건이나 재료를 모을 때 많이 사용해.

1. 널리 찾아서 얻거나 캐거나 잡아 모으는 일은 (채집, 채팅)이다.

2. 다음 중 채집할 수 <u>없는</u> 것은?

　① 나비　　　　② 전복　　　　③ 문화유산　　　④ 친구

예쁘냥의 하루

31

10 추리

알고 있는 것을 바탕으로 알지 못하는 것을 미루어서 생각함

推 밀 **추**

理 다스릴 **리(이)**

교과서 속 어휘찾기

• 어떤 사물이나 현상을 관찰한 결과와 과거 경험, 이미 알고 있는 것 따위를 바탕으로 탐구 대상의 보이지 않는 현재 상태를 생각하는 활동을 **추리**라고 한다.

• **추리**할 때는 탐구 대상을 주의 깊게 관찰하고, 대상에 대해 더 많은 정보를 얻을수록 정확한 **추리**를 할 수 있다.

과학 시간에 할 수 있는 추리가 있냥?

비밀 상자에 물건을 넣어 두고 만져보거나 흔들어서 소리를 들어보면서 그 물건이 무엇인지 추리해 볼 수 있어.

참, '추' 자로 시작하는 추론이나 추측도 추리와 비슷한 말이냥?

맞아. '추' 자에는 미루어 생각한다는 뜻이 있어. '추론'은 미루어 생각하여 논한다는 뜻이고, '추측'은 미루어 생각하여 헤아린다는 뜻이지.

1. 알고 있는 것을 바탕으로 알지 못하는 것을 미루어서 생각하는 것은?

① 탐정   ② 추적   ③ 추리   ④ 추석

2. 다음 중 의미가 <u>다른</u> 하나는?

① 추측   ② 추석   ③ 추론   ④ 추리

머라냥의 하루

딸기 케이크 한 조각이 감쪽같이 사라졌어.

네가 먹은 거 아니야?

분명 여기에 두었어. 2시부터 4시 사이 냥냥이들이 한 일을 알아보고 추리해야겠어.

난, 난 절대 아니야.

11 측정

일정한 양을 기준으로 하여 같은 종류의 다른 양의 크기를 잼

어휘교실

나 열나는 거 같아. 얼굴이 뜨거워.

체온을 측정해 보자.

測 헤아릴 **측**

定 정할 **정**

교과서 속 어휘찾기

• 측정할 때에는 **측정** 도구의 종류, **측정** 방법, **측정**하는 사람에 따라 **측정**한 값이 조금씩 달라질 수 있다.

• 탐구 대상의 길이, 무게, 시간, 온도 따위를 재는 것을 **측정**이라고 한다.

난 자를 이용해서 교실에 있는 여러 물건의 길이를 측정하는 게 취미야.

난 등교하기 전에 체온을 측정하는데.

어제 우리 할머니는 병원에서 몸무게랑 혈압을 측정하셨다고 하셨어.

아! 아빠랑 차 타고 갈 때 경찰이 음주 측정하는 거 본 적 있다냥!

난 뉴스에서 강이 얼마나 오염되었는지 측정하는 것도 봤어.

 냥냥이와 퀴즈대결

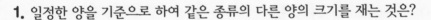

1. 일정한 양을 기준으로 하여 같은 종류의 다른 양의 크기를 재는 것은?

① 예상   ② 관찰   ③ 측정   ④ 의사소통

2. 측정을 하는 도구가 바르게 짝지어진 것은?

① 길이 – 자   ② 체온 – 체중계   ③ 시간 – 각도기   ④ 몸무게 – 체온계

모르냥의 하루

12 탐구

필요한 것을 조사하여 찾아내거나 얻어 냄

 어휘교실

봄마다 새로운 싹이 흙을 뚫고 나오는 게 너무 신기해.

이 문제를 탐구해 보자.

찾을 **탐**

구할 **구**

교과서 속 어휘찾기

• 우리 주변에서 일어나는 일에 관심을 기울여 주변을 관찰하다 보면 '왜 그럴까?'라는 궁금증이 생긴다. 이러한 궁금증을 풀어 줄 답을 찾아내는 과정을 **탐구**라고 한다.

• **탐구**는 여러 가지 현상이나 대상에 관해 궁금한 점을 해결해 나가는 과정이다.

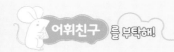

🐱 궁금한 게 많은데, 주변 어른들께 물어봐도 모르겠다고 하는 것들은 어떻게 하냥?

🐱 우리가 과학자처럼 궁금한 문제에 답을 찾아보면 되지. 그걸 과학 탐구라고 해.

🐱 과학 탐구는 과학자만 하는 게 아니야?

🐱 우리도 배웠잖아. 관찰, 측정, 분류, 예상, 추리, 의사소통의 활동을 통해 우리도 그 답을 구할 수 있다냥!

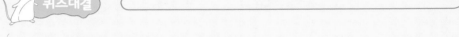

1. 필요한 것을 조사하여 찾아내거나 얻어 내는 과정은?

① 농구   ② 축구   ③ 탐구   ④ 피구

2. 다음 중 과학적 탐구 과정이 <u>아닌</u> 것은?

① 관찰   ② 분류   ③ 추리   ④ 결정

알갓냥의 하루

13 환기

탁한 공기를 맑은 공기로 바꿈

換 바꿀 환

氣 기운 기

교과서 속 어휘찾기

• 기체가 발생하는 실험을 할 때는 창문을 열어 환기한다.

• 화학 약품을 다룰 때는 환기가 잘 되는 곳에서 실험하고, 냄새를 직접 맡거나 맛을 보지 않는다.

🐱 과학에 관심을 갖도록 분위기를 환기시켜야겠어.

🐱 이곳의 공기를 맑은 공기로 바꾸면 과학에 관심을 갖게 되는 거냥?

🐱 하하! 환기는 좋지 않은 공기를 맑은 공기로 바꾸는 것을 말하지만, 공기가 아닌 '주의나 여론, 생각 따위를 불러일으킨다'는 의미로도 쓰여.

🐱 그럼 이번 수학 시간에 선생님의 관심을 환기시킬 수 있을까?

🐱 쳇! 너 또 수학 숙제 안 했구나? 나한테 들켰다냥!

1. 탁한 공기를 맑은 공기로 바꾸는 것은?

① 환기   ② 환승   ③ 환전   ④ 환상

2. 주의나 여론, 생각 따위를 불러일으키는 것을 (   )(이)라고 한다.

괜찬냥의 하루

39

늘어나다

재산이 늘어나다, 고무줄이 늘어나다, 사람 수가 늘어나다, 시간이 늘어나다. 여기에 쓴 '늘어나다'는 어떤 뜻일까? 맞아. 원래보다 무엇인가가 더 많아지거나 길어지거나 커지는 것을 의미할 때 '늘어나다'라고 해. 난 키가 쑥 하고 늘어났으면 좋겠어.

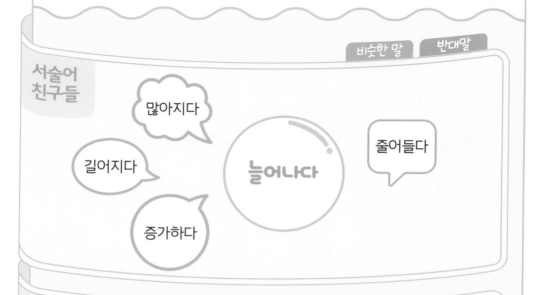

비슷한 말   반대말

**서술어
친구들**

많아지다

길어지다

늘어나다

줄어들다

증가하다

**개념어랑
서술어랑**

감각, 맥박, 무리 + 늘어나다

맛집 투어해 봤니? 식사 시간이 가까워질수록 순서를 기다리는 무리는 점점 늘어나고, 맛있는 냄새가 내 감각들을 깨우지. 내 앞의 사람보다 내 뒤의 사람이 늘어날수록 내 맥박은 점점 빨라져.

빨리 내 순서가
되었으면 좋겠다.

맛집 줄

덮다

물건 따위가 드러나거나 보이지 않도록 넓은 천 따위를 얹어서 씌우는 것을 '덮다'라고 말해. 예를 들어 '발등을 덮는 실내화'는 발등이 보이지 않도록 닫혀 있는 실내화를 의미하지.

비슷한 말   반대말

서술어 친구들

감싸다

숨기다

덮다

열다

개념어랑 서술어랑

관찰, 채집 + 덮다

채집한 곤충은 채집통에 넣어야 해. 채집통에 넣어 뚜껑을 덮어 가져온 곤충은 관찰한 뒤 자연으로 다시 돌려보내 주는 것, 잊지 마! 생명은 소중하니깐!

잘 가!

재다

너 키나 몸무게를 재 본 적 있니? 아니면 체온계로 체온을 재 보거나. 이렇게 자, 저울, 체온계 따위의 도구를 이용하여 길이나 무게, 온도, 속도 따위의 정도를 알아보는 것을 '재다'라고 말해. 키를 잴 때마다 크고 있다는 걸 확인할 수 있다면 얼마나 좋을까?

서술어 친구들

비슷한 말   반대말

측정하다

재다

계측하다

개념어랑 서술어랑

예상, 측정 + 재다

수학 시간에 물체의 길이를 측정해 봤어. 교실에 1 m가 되는 물체에는 무엇이 있는지 예상해 보고, 줄자를 이용하여 다양한 물체의 길이를 재어 보는 수업이었지.

연필 길이는 15 cm.

흐릿하다

저기 보이는 산이 어떤 날은 또렷하게 잘 보이지만 미세 먼지가 심한 날은 잘 보이지 않기도 하잖아. 무엇인가 명확하지 않은 것, 그리고 기억이나 의식이 분명하지 않고 희미한 경우에 '흐릿하다'라고 표현해.

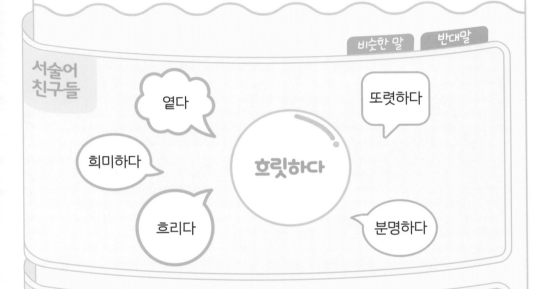

서술어 친구들

비슷한 말 | 반대말

얕다

희미하다

흐리다

흐릿하다

또렷하다

분명하다

개념어랑 서술어랑

기준, 분류 + 흐릿하다

과학적인 분류 기준을 세우면 누가 분류하더라도 같은 결과를 얻을 수 있어. 과학 시간에 흐릿한 기준을 세우는 건 아니겠지?

기준은 분명하게!

2. 물질의 성질

무엇을 배우나요?

2단원에서는 우리 주변의 물체를 관찰하는 활동을 통해 물체와 물질의 개념을 배워요. 여러 가지 물체가 어떤 물질로 만들어졌는지에 관한 호기심을 갖고 궁금증을 해결하기 위한 과학적 탐구 능력을 기르도록 해요.

개 념 어

친환경

광택

흡수

물질

쓰임새

설계

성질

신소재

물체

서 술 어

긁히다

휘어지다

개선하다

질기다

 **광택**

14 광택

14 광택

14 광택

빛의 반사로 물체의 표면에서 반짝거리는 빛

光 빛 **광**

澤 못 **택**

교과서 속 어휘찾기

- 금속은 **광택**이 있고 나무나 플라스틱보다 단단하다.

- 금속마다 **광택**의 색이 조금씩 다르다. 금은 짙은 노란색이 도는 **광택**을 내고, 은은 하얀색이 도는 **광택**을 내며, 구리는 붉은빛이 도는 **광택**을 낸다.

 **를 부탁해!**

광택? 윤택? 같은 거 아니야?

이 엘리베이터 문은 반질반질 광택이 난다냥!

물건이 빛을 받아 반짝반짝 빛나는 것을 '광택이 난다' 또는 '윤택이 난다'라고 하는데, '윤택'은 살림이 넉넉하고 풍부할 때도 사용하는 어휘야.

아하, 그럼 난 윤택한 냥냥이로구나.

우선 광택이 나게 거실 바닥 청소부터 하는 게 어때?

 **퀴즈대결**

1. 빛의 반사로 물체의 표면에서 반짝거리는 빛은?

① 주택   ② 상태   ③ 광택   ④ 형태

2. 다음 중 광택이 있는 물체는?

① 연필   ② 풍선   ③ 색종이   ④ 숟가락

알갓냥의 하루

47

물질

2. 물질의 성질

물체의 본바탕

교과서 속 어휘찾기

- 우리 주변에는 여러 가지 물체가 있으며, 그 물체를 이루는 재료를 **물질**이라고 한다.

- 금속, 플라스틱, 나무, 고무와 같이 물체를 만드는 재료를 **물질**이라고 한다.

이상하다냥! 물질은 물체를 만드는 재료라고 배웠는데, '물질에 욕심을 낸다'는 이야기를 들었어. 고무, 유리, 철 같은 재료에 욕심을 낸다는 의미냥?

하하! 물질은 물체를 만드는 재료이지만, 재물을 뜻하는 말로도 사용해. 돈에 대한 욕심이 지나친 경우 '물질주의'라고도 하지.

하나의 어휘에 여러 뜻이 있을 수 있구나!

앞뒤 말을 보고 알맞은 뜻을 생각해 봐야 해.

 냥냥이와 퀴즈대결

1. 물체를 만드는 재료를 뜻하는 말은?

① 물감　　　　　② 물류　　　　　③ 물질　　　　　④ 물건

2. 다음 중 물질이 <u>아닌</u> 것은?

① 금속　　　　　② 플라스틱　　　　　③ 나무　　　　　④ 고무장갑

모르냥의 하루

 물체

구체적인 형태를 가지고 있는 것

物 물건 물

體 몸 체

교과서 속 어휘찾기

• 물체란 모양과 크기를 가지고 어떤 용도에 의해 만들어진 물건을 말한다. 이때 물체를 만드는 재료를 물질이라고 한다.

• 책상, 의자, 책과 같이 모양이 있고 공간을 차지하는 것을 물체라고 한다.

물체와 물질, 어휘가 비슷해서 헷갈린다냥!

좀 그렇지? 물체를 만드는 재료가 물질이야.

장난감 블록은 물체, 이걸 만든 플라스틱은 물질. 맞냥?

맞다냥! 고무장갑은 물체, 이걸 만든 고무는 물질처럼.

 냥냥이와 퀴즈대결

1. 모양과 크기를 가지고 어떤 용도에 의해 만들어진 물건은?

① 물체   ② 신체   ③ 대체   ④ 연체

2. 물체와 물질의 관계가 <u>잘못</u> 연결된 것은?

① 책 – 종이   ② 고무장갑 – 고무

③ 유리컵 – 플라스틱   ④ 수저 – 금속

알갓냥의 하루

17 설계

앞으로 할 일에 대하여 계획을 세움. 또는 그 계획

어휘교실

設 베풀 **설**

計 셀 **계**

교과서 속 어휘찾기

• 어떤 놀이 도구를 만들지 이야기해 보고, 물질의 어떤 성질을 이용하여 **설계** 할지 정해 본다.

• 편리한 책가방을 **설계**하기 위해 어떤 점을 생각해야 할지 친구들과 함께 이야 기해 본다.

우리 학교가 설계된 지 20년이나 되었다냥!

설계가 아니라 설립이겠지! '설계'라는 말은 계획을 세우는 것을 말하고, '설립'은 학교 같은 기관이나 조직을 만들어 세우는 것을 말해.

설계와 설립에 다 '세우다'란 뜻이 있네?

난 1학기 공부 설계를 해야지!

 냥냥이와 퀴즈대결

1. 앞으로 할 일에 대하여 계획을 세우거나 그 계획을 뜻하는 말은?

① 설명 ② 설계 ③ 설정 ④ 설문

2. 설계, 설립 모두 '세우다'는 뜻이 있다. (O, X)

모르냥의 하루

18 성질

사물이나 현상이 가지고 있는 고유의 특성. 사람이 지닌 마음의 본바탕

어휘교실

어쩌냥은 성질이 너무 급해.

성질만 급하냐? 화도 잘 내.

性	質
성품 **성**	바탕 **질**

교과서 속 어휘찾기

• 물질마다 성질이 서로 다르기 때문에 물체의 쓰임새, 즉 물체의 기능에 알맞은 물질을 선택하여 물체를 만들면 더 편리하게 사용할 수 있다.

• 초코우유도 초콜릿 시럽과 우유의 성질이 그대로 남아 있다.

고무도 성질이 있다는데 정말이야? 물질이 어떻게 성질을 내냥?

하하! 성질은 사물이 가지고 있는 고유의 특성을 말해. 금속은 단단하고, 고무는 늘어났다가 돌아가는 성질이 있어.

또 성질은 사람이 지닌 마음의 본바탕을 뜻하기도 해. 그래서 '성질이 급하다', '성질이 고약하다', '성질나다'처럼 사람의 성격을 표현하기도 하지.

아! 그럼 어쩌냥의 성질은 화를 잘 내는 거네.

 냥냥이와 퀴즈대결

1. 사물이나 현상이 가지고 있는 고유의 특성은?

① 물질   ② 저울질   ③ 성질   ④ 품질

2. (금속, 고무)은/는 단단하고, (금속, 고무)은/는 늘어났다가 돌아가는 성질이 있다.

괜찮냥의 하루

19 신소재

이전 재료에는 없는 뛰어난 특성을 지닌 소재를 통틀어 이르는 말

교과서 속 어휘찾기

• 우리는 자연에서 얻은 흙, 철 따위의 물질을 그대로 사용하기도 하지만 새로운 성질을 띠는 물질인 **신소재**를 개발해 사용하기도 한다.

• 모양을 바꾸어도 가열하면 원래 모양으로 돌아오는 성질의 **신소재**를 이용한 안경테가 있다.

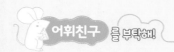 를 부탁해! **신소재, 신제품, 신기록, 모두 '새롭다'**

'신' 자가 들어간 어휘는 뭔가 새로워!

한자 '신(新)'에 '새롭다'는 의미가 있거든. 새로 나온 제품을 신제품, 경기에서 새로운 기록을 세우면 신기록이라고 하지.

하하! 어쩌다 보니 맞췄네! 그나저나 냥냥이 가방 신상품 나왔다고 하는데, 같이 보러 가자냥!

나도 신제품은 너무 좋다냥!

냥냥이와 **퀴즈대결**

1. 이전 재료에는 없는 뛰어난 특성을 지닌 소재를 통틀어 이르는 말은?

① 신소재   ② 신세계   ③ 신부   ④ 신제품

2. '신' 자가 새롭다는 뜻으로 사용된 어휘가 <u>아닌</u> 것은?

① 신소재   ② 신기록   ③ 신발   ④ 신제품

모르냥의 하루

20 쓰임새

쓰임의 정도나 쓰이는 바

어휘교실

같은 나무라도 종류에 따라 쓰임새가 달라.

쓰임새는 어떤 새냥?

비슷한 말로 **쓸모, 용도, 쓸데**가 있다.

교과서 속 어휘찾기

- **쓰임새**가 같은 물체라도 물체를 이루는 물질의 성질에 따라 특징이 서로 다르다.

- 물질마다 성질이 서로 다르기 때문에 물체의 **쓰임새**, 즉 물체의 기능에 알맞은 물질을 선택하여 물체를 만들면 더 편리하게 사용할 수 있다.

 **어휘친구** 를 부탁해!

쓰임새에 따른 구분

🐱 가방이 왜 이렇게 많냥?

🐱 이 가방은 학교 갈 때, 이 가방은 운동 갈 때, 그리고 이 가방은 학원 갈 때 사용하는 가방이야.

🐱 가방을 쓰임새에 따라 구분해서 사용하는 구나.

🐱 용도에 따라 구분하니 헷갈리지 않아서 좋다냥!

 냥냥이와 **퀴즈대결**

1. 쓰임의 정도나 쓰이는 바를 (쓰임새, 추임새)라고 한다.

2. 쓰임새와 바꾸어 쓸 수 있는 어휘가 아닌 것은?

① 쓸데   ② 쓸쓸   ③ 쓸모   ④ 용도

예쁘냥의 하루

무슨 거울이 이렇게 많냥?

이건 얼굴 거울, 이건 전신 거울, 이건 다리 거울, 이건 손거울. 모두 쓰임새가 다르지.

내 다리가 왜 이렇게 짧아 보여?

내 거울은 정직하다냥!

59

21 친환경

자연환경을 오염하지 않고 자연 그대로의 환경과 잘 어울리는 일

어휘교실

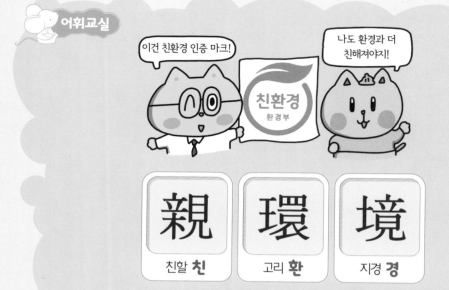

親	環	境
친할 **친**	고리 **환**	지경 **경**

교과서 속 어휘찾기

- **친환경** 물주머니처럼 서로 다른 물질을 섞으면 원래 각 물질의 색깔, 손으로 만졌을 때의 느낌 따위의 성질이 변하기도 한다.

- 과학자들은 자연에서 썩는 **친환경** 플라스틱을 개발하고 있다.

- 어떤 물질로 **친환경** 가방을 만들 수 있는지 알아본다.

환경과 친한 '친환경'이 좋아!

난 요즘 지구 환경을 위해 친환경 마크가 붙은 문구용품을 사고 있어.

우리 엄마도 친환경 인증 마크가 있는 식품을 사려고 노력하셔. 요즘엔 태양을 이용한 태양열, 바람을 이용한 풍력 같은 친환경 에너지의 비중도 점점 커지고 있대.

그런데 너 너무 많이 산 거 아니냥? 물건을 낭비하는 건 지구 환경에 좋지 않아.

예쁜 게 너무 많아서 나도 모르게 그만…. 반성한다냥!

1. 자연환경을 오염하지 않고 자연 그대로의 환경과 잘 어울리는 일은?

① 친환경   ② 인문환경   ③ 유해 환경   ④ 환경 오염

2. '친환경'과 함께 쓰기에 <u>어색한</u> 것은?

① 친환경 식품   ② 친환경 에너지   ③ 친환경 소재   ④ 친환경 친구

알갓냥의 하루

22 흡수

빨아서 거두어들임. 외부에 있는 사람이나 사물 따위를 내부로 모아들임

어휘교실

이 비타민은 흡수가 정말 빠른가 봐. 바로 힘이 나는 것 같아.

기분 탓 아닐까?

吸	收
마실 **흡**	거둘 **수**

교과서 속 어휘찾기

• 타이어는 길 위에서 굴러갈 때 차의 충격을 잘 **흡수**할 수 있도록 고무로 만든다.

• 속옷으로는 땀을 잘 **흡수**하는 면제품을 많이 쓴다.

• 이 옷감은 바람을 막아 주면서도 땀의 **흡수**가 신속하게 이루어지므로 겨울용 등산복을 만드는 데 유용하다.

어휘친구 를 부탁해!

밖에 있는 것을 안으로 모으는 것을 '흡수'라고 하는데, 그럼 안에 있는 것을 밖으로 밀어 내보내는 것은 뭐라고 하냥?

그건 내가 잘 알지. (뿌~~~웅)

으악! 너 방귀 뀌었지? 냄새가 지독해.

내 안에 있는 가스를 바깥으로 배출해 봤어. 흡수의 반대말을 알려 주려고 일부러 방귀를 뀐 거다냥!

냥냥이와 **퀴즈대결**

1. 외부에 있는 사람이나 사물 따위를 내부로 모아들이는 것은?

① 탈수 ② 흡수 ③ 방수 ④ 추수

2. '흡수'의 반대말로, 안에 있는 것을 밖으로 밀어 내보내는 것은?

① 배려 ② 배수 ③ 배출 ④ 배역

어쩌냥의 하루

개선하다

스스로 가방을 챙기고, 스스로 숙제를 하고 있니? 처음에는 무척 어렵고 힘들어도 아마 조금씩 조금씩 더 잘하게 될 거야. 이처럼 잘못된 것이나 부족한 것, 나쁜 것 따위를 고쳐 더 좋게 만드는 것을 '개선하다'라고 해.

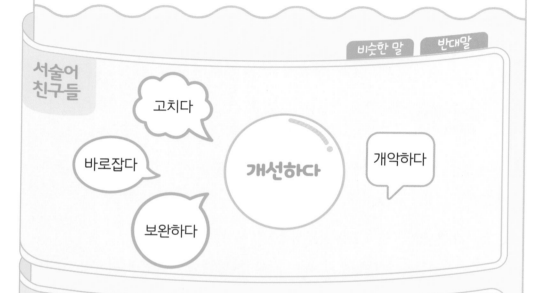

비슷한 말　반대말

서술어 친구들

고치다

바로잡다

개선하다

개악하다

보완하다

개념어랑 서술어랑

신소재, 쓰임새 + 개선하다

요즘 텔레비전은 신소재를 활용하여 예전 텔레비전이 가진 문제점을 많이 개선했지. 얇고 가벼우며, 구부러지고 휘어지는 화면을 만들었어. 이렇게 개선하면 텔레비전의 쓰임새가 더 다양해질 수 있을 거야.

신기하다.

긁히다

등이 가려워 긁고 싶은데 손이 안 닿아 불편했던 적 있니? 또 손톱이나 뾰족한 기구 따위로 바닥이나 거죽이 문질러져서 긁힌 적도 있을 거야. '긁다'는 내가 스스로 긁는 것인데, '긁히다'는 내가 아닌 어떤 물건이나 다른 사람이 나를 긁었을 때 사용하는 말이야.

서술어 친구들

비슷한 말 | 반대말

갉히다

긁히다

개념어랑 서술어랑

광택, 성질, 쓰임새 + 긁히다

금속은 다른 물질보다 단단하고 잘 긁히지 않으며, 광택이 있어. 우리는 이런 금속의 성질을 이용하여 쓰임새에 맞는 물체를 만들어 사용하지.

예쁘고 단단한데?

65

질기다

마른오징어 다리 먹어 본 적 있어? 이로 끊어 보려고 힘껏 잡아당기다가 고개가 뒤로 휙 떨어진 적 있지? 물건이 쉽게 해지거나 끊어지지 아니하고 견디는 힘이 셀 때 '질기다'라고 표현해. 가죽은 종이처럼 쉽게 찢어지지 아니하고 견디는 힘이 세서 보통 질기다고 하지.

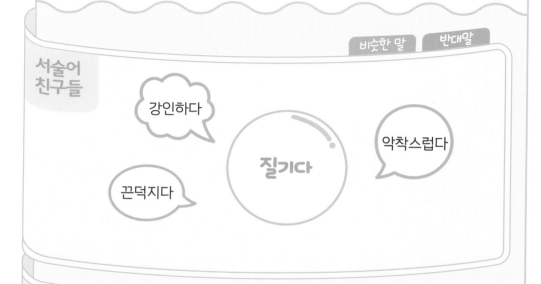

서술어 친구들

비슷한 말 　반대말

강인하다

질기다

악착스럽다

끈덕지다

개념어랑 서술어랑

물질, 물체, 성질, 흡수 + 질기다

가죽은 질기고 잘 찢어지지 않으며, 물을 잘 흡수하지 않아. 그래서 이런 가죽의 성질을 이용해 야구 글러브를 만들지. 야구 글러브라는 물체를 만들 때 사용한 물질이 가죽이라는 말씀!

스트라이크!

휘어지다

올림픽에서 양궁 선수들이 활을 쏘는 장면을 본 적 있니? 활시위를 뒤로 힘껏 잡아당기면 활이 둥그렇게 휘어지지. 곧은 물체가 어떤 힘을 받아서 구부러질 때 '휘어지다'라는 표현을 써.

서술어 친구들

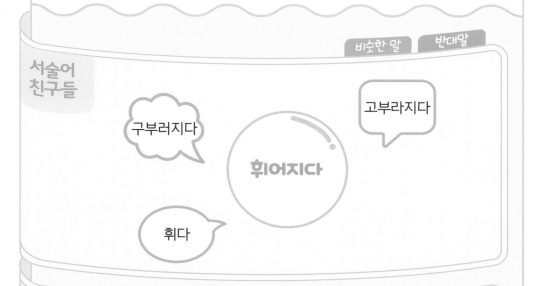

구부러지다

고부라지다

휘어지다

휘다

개념어랑 서술어랑

광택, 설계, 신소재 + 휘어지다

안경테가 휘어져서 새로운 안경을 맞추러 안경점에 다녀 왔어. 이번에는 가볍고 튼튼한 신소재를 사용하여 예쁘게 설계된 안경을 골랐지. 새 안경이라 번쩍번쩍 광택도 나는 것 같아. 나 어때?

마음에 든다냥!

67

3.

동물의 한살이

무엇을 배우나요?

3단원에서는 동물을 직접 기르면서 한살이를 관찰하고, 다양한 동물들의 한살이를 비교 관찰함으로써 동물에 따라 한살이에 차이가 있다는 것을 배울 거예요. 또 한살이를 관찰하는 과정에서 동물을 제대로 보살펴야 한다는 책임감과 동물을 아끼고 사랑하는 마음도 함께 배울 수 있어요.

허물

완전

곤충

사육

갓

탈바꿈

암수

번식

불완전

도감

한살이

멸종

가리키다

구별하다

돌보다

갉다

23 갓

이제 막

어휘교실

우아, 맛있는 냄새!

갓 구운 빵이라 더 맛있다냥.

비슷한 말로 **금방, 금세, 막, 방금** 따위가 있다.

교과서 속 어휘찾기

• 소는 갓 태어난 송아지, 큰 송아지, 다 자란 소의 한살이를 거친다.

• 갓 태어난 강아지와 큰 강아지, 다 자란 개의 공통점과 차이점을 찾아본다.

• 알에서 갓 나온 애벌레는 알껍데기를 먹고, 이후 잎을 먹으면서 자란다.

'갓'은 이제 막을 뜻하는 말이야. 그래서 갓이라는 어휘가 있을 때 '이제 막'으로 바꾸어 읽어 보면 뜻을 이해하기가 더 쉬워.

갓 지은 밥, 갓 태어난 강아지, 갓 졸업한 학생처럼 말이냥?

맞다냥! 그런데 똑같은 '갓'이란 어휘가 예전에 남자 어른들이 머리에 쓰던 모자 같은 것을 뜻하기도 해.

↑ 갓

같은 소리가 나지만 뜻은 다른 경우구나.

1. '이제 막'을 뜻하는 말은?

① 잣   ② 햅   ③ 갓   ④ 볏

2. 다음의 '갓'을 '이제 막'으로 바꾸어 쓰기 <u>어색한</u> 것은?

① 갓 볶은 커피   ② 갓 입학한 학생   ③ 갓 태어난 아이   ④ 갓 쓴 아저씨

모르냥의 하루

24 곤충

나비, 잠자리, 벌 따위와 같이 머리, 가슴, 배의 세 부분으로 되어 있고 몸에 마디가 많은 작은 동물

昆
맏 곤

蟲
벌레 충

교과서 속 어휘찾기

• 몸이 머리, 가슴, 배로 구분되고, 다리가 세 쌍인 동물을 곤충이라고 한다.

• 곤충은 전체 동물의 대부분을 차지할 정도로 그 수가 많아 우리 주변에서 쉽게 볼 수 있다. 하지만 아직 밝혀지지 않은 곤충이 많아서 과학자들은 계속 곤충을 찾아다니고 곤충의 한살이를 연구한다.

곤충은 다리가 세 쌍!

😺 곤충은 머리, 가슴, 배의 세 부분으로 구분되고, 다리는 6개. 번데기 단계를 거치는 곤충도 있고, 애벌레에서 바로 어른벌레가 되는 곤충도 있지.

😺 오! 곤충도감을 보더니 곤충 박사가 다 됐네.

😺 또 우리 생활에 도움이 되는 곤충도 있고, 모기처럼 해로운 곤충도 있어.

😺 그러면 거미는 다리가 8개이고, 머리가슴과 배의 두 부분으로 나누어져서 곤충이 아니라는 것도 알고 있지?

😺 앗…, 그것까지는 아직 공부를 못했다냥.

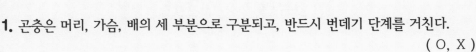

1. 곤충은 머리, 가슴, 배의 세 부분으로 구분되고, 반드시 번데기 단계를 거친다.

(O, X)

2. 다음 중 곤충이 <u>아닌</u> 것은?

① 벌   ② 거미   ③ 나비   ④ 잠자리

머라냥의 하루

73

25 도감

그림이나 사진을 모아 실물 대신 볼 수 있도록 엮은 책

짜잔! 식물도감을 가지고 왔지롱.

오늘은 곤충을 관찰하는 날인데?

圖	鑑
그림 **도**	거울 **감**

교과서 속 어휘찾기

• 학교 주변에 자라는 식물들을 찾아보고, 식물도감을 이용하여 찾은 식물에 대해 조사해 본다.

• 동물도감이나 스마트 기기를 이용하여 모둠에서 정한 동물의 한살이를 조사해 본다.

74

 를 부탁해!

🐱 도감이라고 할 때 '도'는 그림을 뜻하는 말이야. 그림을 뜻하는 '도' 자가 들어간 어휘에는 또 무엇이 있을까?

🐱 도화지? 그림 그릴 때 쓰는 종이를 도화지라고 하잖아.

🐱 정답! 그럼 삼각형, 사각형, 원처럼 그림으로 형태를 나타낸 것은?

🐱 도형! 우아, 그것도 그림이구나.

🐱 오, 제법인데. 또 땅 모양을 그림으로 나타낸 지도, 글과 그림으로 표현한 것을 통틀어 도서라고 한다냥!

1. 그림이나 사진을 모아 실물 대신 볼 수 있도록 엮은 책은?

① 도로   ② 도감   ③ 도구   ④ 도사

2. 식물도감을 이용하여 동물의 한살이를 조사할 수 있다. (O, X)

예쁘냥의 하루

26 멸종

생물의 한 종류가 아주 없어짐. 또는 생물의 한 종류를 아주 없애버림

滅 種
꺼질 **멸**   씨 **종**

교과서 속 어휘찾기

- 우리나라 **멸종** 위기 동물인 황새를 위한 보호소를 만들어 본다.
- 동물학자는 이렇게 알아낸 지식을 **멸종** 위기에 있는 동물의 수를 늘리는 데 이용하기도 한다.

내가 좋아하는 동물인 자이언트 판다가 멸종 위기 동물이래. 이 동물이 완전히 사라져 버리면 어떻게 하냥?

환경 오염이 심각해지면서 멸종 위기에 놓인 동물들이 많아지고 있어.

세계자연보전연맹(IUCN)에서는 멸종 위험 정도에 따라 멸종 위기 동식물을 9개의 범주로 나누어 분류한대.

생물이 멸종되지 않도록 지구 환경을 지키는 데 더 힘을 써야겠다냥!

 냥냥이와 퀴즈대결

1. 생물의 한 종류가 아주 없어지는 것은?

① 멸균 ② 멸망 ③ 멸치 ④ 멸종

2. 세계자연보전연맹(IUCN)은 멸종 위험 정도에 따라 멸종 위기 동식물을 5개의 범주로 나누었다. (O, X)

알갓냥의 하루

27 번식

생물체의 수나 양이 늘어서 많이 퍼짐

어휘교실

칫솔은 어디에 두냥?

세균 번식을 막으려면 칫솔을 깨끗이 보관해야 해.

繁
번성할 **번**

殖
불릴 **식**

교과서 속 어휘찾기

• 동물의 **번식** 과정에서 암수의 다양한 역할을 알아본다.

• 동물은 알을 낳거나 새끼를 낳아 **번식**한다.

• 동물원에서 늑대의 **번식**에 성공하여 두 마리의 건강한 새끼가 태어났다.

어휘친구를 부탁해!

우리 화단에 개미가 엄청 많아졌어. 번식 속도가 빠른 것 같아.

번식은 알겠는데 생식은 뭐냥?

'생식'은 생물이 자기와 닮은 개체를 만들어 종족을 유지하는 거야. 생식을 통해 번식이 이루어지는 거지. 번식이 더 넓은 의미로 쓰여.

넓은 의미라면?

동물에게는 짝짓기, 출산, 육아 따위가 번식에 포함되고, 식물에게는 꽃가루받이, 열매 맺기, 씨 퍼뜨리기 따위가 포함된다냥!

 냥냥이와 퀴즈대결

1. 생물체의 수나 양이 늘어서 많이 퍼지는 것을 ( )(이)라고 한다.

2. 다음 중 동물의 번식 활동에 포함되지 <u>않는</u> 것은?

① 출산   ② 육아   ③ 짝짓기   ④ 꽃가루받이

괜찮냥의 하루

 **28 불완전**

완전하지 않거나 완전하지 못함

 어휘교실

인간은 누구나 불완전한 존재래.

그래? 나는 완벽한 냥냥이인데?

不	完	全
아닐 **불**	완전할 **완**	온전할 **전**

교과서 속 어휘찾기

- 매미는 알, 애벌레를 거쳐 어른벌레로 되면서 번데기를 거치지 않는데, 이러한 곤충의 생김새 변화를 불완전 탈바꿈이라고 한다.

- 곤충의 한살이에서 완전 탈바꿈은 번데기 단계를 거치지만, **불완전** 탈바꿈은 번데기 단계를 거치지 않는다.

🐱 '아니다'라는 뜻을 나타내고 싶을 때 '불' 자를 써서 나타내기도 해. 한자로 '아니다'라는 뜻을 가지고 있거든.

🐱 완전하지 않은 것을 '불완전'이라고 하는 것처럼?

🐱 그렇지. 그러면 공정하지 않은 것을 뭐라고 할까?

🐱 불공정, 맞지? 균형이 맞지 않는 것은 '불균형', 가능하지 않은 것은 '불가능'.

🐱 한자를 공부하니 어휘 실력이 쑥쑥 크는군!

 퀴즈대결

1. 번데기 단계를 거치지 않는 곤충의 한살이 과정은?

   ① 완전 탈바꿈   ② 불완전 탈바꿈   ③ 어른벌레   ④ 날개돋이

2. 다음 중 '불' 자가 '아니다'라는 뜻으로 쓰인 경우가 <u>아닌</u> 것은?

   ① 불가능   ② 불완전   ③ 불고기   ④ 불균형

머라냥의 하루

29 사육

어린 가축이나 짐승이 자라도록 먹이어 기름

어휘교실

저 농장에서 소, 돼지, 닭 따위를 사육한대.

난 예쁜 쥐를 사육하고 싶다냥!

飼
기를 **사**

育
기를 **육**

교과서 속 어휘찾기

• 사육 상자에서 배추흰나비 알이나 애벌레를 직접 기르면서 생김새, 움직임, 변화 따위를 관찰한다.

• 동물을 사육 상자에서 직접 기르면 동물의 한살이를 관찰할 수 있다.

 **어휘친구** 를 부탁해!

요즘 한자 공부를 열심히 하고 있다냥! '사육'이라는 어휘는 '飼(기를 사)'와 '育(기를 육)'이라는 한자가 합쳐진 말이지.

기르기와 기르기? 그럼 사육을 순우리말로 바꾸면 '기르기'인 거냥?

그렇지!

나도 이제부터 순우리말을 써야지. 소 기르기, 배추흰나비 기르기처럼 말이야.

 **퀴즈대결**

1. 어린 가축이나 짐승이 자라도록 먹이어 기르는 것은?

① 교육   ② 보육   ③ 양육   ④ 사육

2. (   ) 상자에서 배추흰나비 알을 직접 기르면서 배추흰나비 알의 생김새, 움직임, 변화 따위를 관찰할 수 있다.

어쩌냥의 하루

30 암수

암컷과 수컷을 아울러 이르는 말

암수의 구별이 있는 동물에서 새끼를 배는 쪽을 **암컷**,
새끼를 배지 아니하는 쪽을 **수컷**이라고 한다.

교과서 속 어휘찾기

- 동물들 중에는 **암수**의 구별이 쉬운 동물과 어려운 동물이 있다.

- 동물에 따라 알이나 새끼를 돌보는 **암수**의 역할이 다르다.

- 사자, 사슴, 원앙 따위는 **암수**의 구별이 쉽고, 토끼, 참새, 붕어 따위는 **암수**의
  구별이 어렵다.

사람은 여자, 남자가 있고, 동물도 암컷, 수컷이 있잖아. 식물도 암수가 있냥?

응. 그런데 식물은 암수가 한 몸에 있기도 해. 벚꽃이나 장미 같은 경우는 하나의 꽃 안에 암술과 수술이 모두 있거든. 또 소나무나 호박 같은 경우는 암꽃과 수꽃이 각각 나누어져 있기도 하고.

신기하다냥! 우리가 보는 꽃이 다 같은 게 아니었네.

 냥냥이와 퀴즈대결

1. 암컷과 수컷을 아울러 (   )(이)라고 부른다.

2. 다음 중 암수의 구별이 쉬운 동물은?

① 토끼   ② 참새   ③ 사자   ④ 붕어

3. 모든 식물은 암수가 한 몸에 있다. (O, X)

괜찬냥의 하루

31 완전

필요한 것이 모두 갖추어져 모자람이나 흠이 없음

내가 만들었어.

우아~ 완전 맛있다냥!

完 | 全

완전할 **완** | 온전할 **전**

교과서 속 어휘찾기

• 완전 탈바꿈과 불완전 탈바꿈의 차이를 알고 여러 가지 곤충을 분류할 수 있다.

• 초파리는 알, 애벌레, 번데기를 거쳐 어른벌레가 된다. 이러한 곤충의 생김새 변화를 완전 탈바꿈이라고 한다.

86

 **어휘친구** 를 부탁해!

완전? 완벽?

완전과 비슷한 말에는 뭐가 있냥?

부족한 게 없고 모자라는 게 없는 것을 뜻하는 말이니까, '완벽' 또는 '무결함'과 비슷하겠다.

그럼 '완전'의 반대말은 '불완전'이니까, '완벽'의 반대말은 '불완벽'?

'불완벽'이란 어휘는 없다냥. 반대말이라고 다 앞에 '불' 자를 붙이지는 않거든.

 **퀴즈대결**

1. 필요한 것이 모두 갖추어져 모자람이나 흠이 없는 것은?

① 완숙   ② 궁전   ③ 방전   ④ 완전

2. 완전과 비슷한 말은 (완벽, 불완전)이고, 반대말은 (완벽, 불완전)이다.

알갓냥의 하루

나는 잘생기고 똑똑하고…. 너무 완벽해.

뭐라냥! 얘 왜 이러는 줄 알아?

알갓냥의 잘난 척 병이 심해지는 것 같아.

우리가 이해하자.

32 탈바꿈

원래의 모양이나 형태를 바꿈. 동물이 성장하는 과정에서 큰 형태 변화를 거쳐 성체가 되는 현상

어휘교실

새로운 놀이터로 탈바꿈하였네?

그동안 우리가 알던 곳이 아니다냥.

비슷한 말로 '형태가 변하다'는 뜻의 **'변태'**가 있다.

교과서 속 어휘찾기

• 곤충의 한살이 과정에서 번데기 단계를 거치는 것을 완전 **탈바꿈**이라고 하고, 번데기 단계를 거치지 않는 것을 불완전 **탈바꿈**이라고 한다.

• 완전 **탈바꿈**을 하는 곤충에는 개미, 배추흰나비 따위가 있고, 매미와 같이 불완전 **탈바꿈**을 하는 곤충에는 잠자리, 사마귀 따위가 있다.

나 어때? 완전 탈바꿈했지?

아니. 뭐가 달라졌는지 모르겠다냥! 그리고 포유류나 조류, 파충류처럼 기본적인 몸 구성은 변하지 않고 각 부분의 발달에 따라 연속적으로 형태가 변화해서 성체가 되는 경우에는 탈바꿈이라고 하지 않아.

그냥 바뀌면 탈바꿈이라고 하는 거 아니냥?

알에서 동물이 태어나는 경우에도 겉으로 보기에는 변화가 크지만, 실제 개체 형태는 알 속에 있을 때부터 형성되어 있었기 때문에 이 역시 탈바꿈이 아니야.

내가 탈바꿈하는 건 어렵겠구나!

 냥냥이와 퀴즈대결

1. 원래의 모양이나 형태를 바꾸는 것을 (   )(이)라고 한다.

2. 다음 중 완전 탈바꿈을 하는 곤충은?

① 매미   ② 나비   ③ 잠자리   ④ 사마귀

모르냥의 하루

33 한살이

생물이 태어나서 어린 시절을 거치며 성장하여 자손을 남기고 죽을 때까지의 과정

어휘교실

한살이가 가장 긴 동물은 거북이래.

거북은 종류에 따라 수십 년에서 200년 정도까지 산다며?

비슷한 말로 **일생, 평생, 한평생, 생애**가 있다.

교과서 속 어휘찾기

• 동물이 태어나고 성장하여 자손을 남기는 과정을 동물의 **한살이**라고 한다.

• **한살이**를 관찰하려면 개구리, 배추흰나비와 같이 **한살이** 기간이 짧고, 주변에서 쉽게 구할 수 있는 동물을 기르는 것이 좋다.

난 식물이 싹 터서 자라 꽃이 피고, 열매를 맺어 자손을 이어가는 식물의 한살이 과정을 다 봤어.

곤충의 한살이도 봤냥?

아니. 아직 못 봤지만 한살이 과정은 알고 있지. 곤충은 알, 애벌레, 번데기의 과정을 거쳐 어른벌레로 자라는데, 번데기 과정을 거치지 않는 것도 있대.

동물은 새끼나 알로 태어나서 먹이를 먹으며 성장해. 다 자란 암수가 만나서 짝짓기를 하고 암컷이 새끼나 알을 낳는 과정을 거치는 것이 동물의 한살이지.

1. 생물이 태어나서 어린 시절을 거치며 성장하여 자손을 남기고 죽을 때까지의 과정을 (한살이, 탈바꿈)(이)라고 한다.

2. 배추흰나비는 알 → 애벌레 → (   ) → 어른벌레의 한살이 과정을 거친다.

머라냥의 하루

34 허물

파충류나 곤충류 따위가 자라면서 벗는 껍질

뱀이 허물을 벗어 놓은 것 같다냥!

동물이 탈피를 하면서, 탈피하기 전의 외골격이나 피부가 벗겨져서
버려진 것을 '**허물**'이라고 한다.

교과서 속 어휘찾기

• 몸을 묶은 애벌레는 등 껍질이 서서히 갈라지며 **허물**을 벗는다.

• 배추흰나비 애벌레는 네 번 **허물**을 벗으며 몸의 크기가 점점 커진다.

• 부화한 애벌레는 총 네 번의 **허물**을 벗는데, **허물**을 벗고 성장할 때마다 령이
늘어서 1령부터 5령에 이르게 된다.

 **어휘친구**를 부탁해!

허물없이 지내다?

허물은 파충류나 곤충류가 벗은 껍질이잖아. 그런데 우리 엄마는 친구들과 허물없이 지내라고 하시던데, 그럼 친구들과 껍질 없이 지내라는 말인가? 좀 이상하지 않냥?

엄마가 말씀하신 '허물없이'는 서로 매우 친하여 체면을 돌보거나 조심할 필요가 없다는 의미야. 즉 서로 매우 친하게 지내라는 뜻이지.

그럼 우리 친해지기 위해 당장 파자마 파티부터 할까냥?

 **퀴즈대결**

1. 허물은 파충류나 곤충류 따위가 자라면서 벗는 껍질이다. (O, X)

2. 배추흰나비 애벌레는 (   )을/를 벗을 때마다 몸의 크기가 커진다.

어쩌냥의 하루

93

가리키다

손가락 따위로 어떤 방향이나 대상을 집어서 보이거나 말하거나 알
릴 때 '가리키다'라는 표현을 써. 선생님께서 우리를 '가르치다'는
지식이나 기능 따위를 깨닫거나 익히게 하는 것을 의미하는 다른 표
현이야.

비슷한 말 · 반대말

서술어 친구들

일컫다

가리키다

지목하다

손가락질하다

개념어랑 서술어랑

갓, 완전 + 가리키다

시계가 열두 시를 가리키고 있어. 엄마는 식탁에 갓 지은 밥
과 맛있는 반찬을 차리고 계셔. 내가 좋아하는 불고기도 있
네. 오늘 점심이 완전 기대돼.

맛있겠다.
완전 기대돼.

갉다

다람쥐가 도토리를 들고 먹는 모습을 본 적 있니? 다람쥐의 앞니
처럼 날카롭고 뾰족한 끝으로 바닥이나 거죽을 박박 문지르는 것을
'갉다'라고 표현해. 배추흰나비 애벌레가 알에서 나온 이후에 자기가 나온
알을 갉아먹는 것처럼 말이야.

비슷한 말　반대말

서술어
친구들

갉아먹다

갉다

긁다

개념어랑
서술어랑

곤충, 번식 + 갉다

농부들이 잘 키운 농작물의 잎이나 열매를 다 갉아먹어
피해를 입히는 곤충을 해충이라고 해. 이런 해충의 번식
을 막기 위해 제초제, 살충제, 살균제가 등장했고, 병충해
에 강한 품종도 끊임없이 개발하고 있지.

저리 가!　앵~

구별하다

전래동화에서처럼 나와 똑같이 생긴 가짜가 있다면 친구들이 진짜 나와 가짜 나를 구별할 수 있을까? 어떤 것이 진짜인지 어떤 것이 가짜인지처럼 성질이나 종류에 따라 갈라놓는 것을 '구별하다' 라고 해.

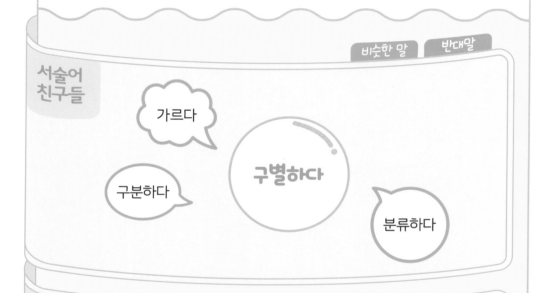

비슷한 말   반대말

서술어 친구들

가르다

구분하다

구별하다

분류하다

개념어랑 서술어랑

곤충, 불완전, 완전, 탈바꿈 + 구별하다

곤충은 번데기 단계를 거치는 완전 탈바꿈을 하는 곤충과 번데기 단계를 거치지 않는 불완전 탈바꿈을 하는 곤충으로 구별할 수 있어.

너는 어떤 탈바꿈을 하냥?

돌보다

네가 아주 어렸을 때부터 부모님께서 네게 필요한 것은 무엇인지, 불편한 점은 무엇인지 관심을 가지고 보호하며 살펴 주셨지. 어떤 대상을 관심을 가지고 보살피는 것을 '돌보다'라고 해. '손자를 돌보다', '건강을 돌보다', '집안일을 돌보다'처럼 표현할 수 있어.

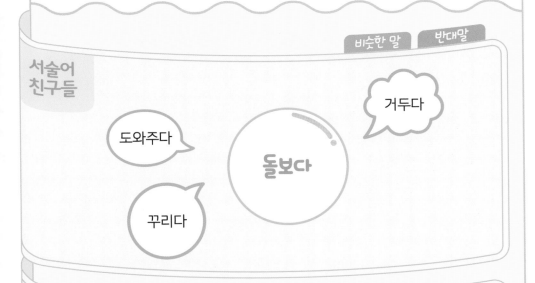

서술어 친구들

비슷한 말 　 반대말

도와주다

거두다

돌보다

꾸리다

개념어랑 서술어랑

번식, 사육 + 돌보다

동물 사육사는 동물을 돌보고, 먹이와 물을 주며, 동물의 집을 청소·소독하는 일을 해. 새끼를 번식시키고, 동물들을 운동시키는 일도 하고. 사육사가 되려면 우리 주변에 있는 동물들과 친해지도록 노력해 보면 좋아.

나는 동물을 사랑해.

자석의 이용

무엇을 배우나요?

4단원에서는 막대자석을 이용하여 자석의 성질을 탐구할 거예요. 두 종류의 극, 자석이 철로 된 물체를 끌어당기는 성질, 다른 자석을 끌어당기거나 밀어내는 성질, 나침반 바늘이 일정한 방향을 가리키는 성질을 배워요. 이러한 자석의 성질을 활용하여 일상생활에서 자석이 다양한 용도로 사용됨을 알 수 있어요.

개 념 어

나침반

날

수거

극

회전

고정

보완

위조지폐

서 술 어

끌어당기다

흩어지다

팽팽하다

띄우다

35 고정

한번 정한 대로 변경하지 아니함. 한곳에 꼭 붙어 있거나 붙어 있게 함

어휘교실

떨어지겠다!

벽에 단단히 고정해야겠어.

固
굳을 고

定
정할 정

교과서 속 어휘찾기

• 운동화 끈에 연결된 자석은 신발 끈을 고정하거나 풀기 쉬워 편리하게 운동화
를 신고 벗을 수 있다.

• 자동차에서 스마트 기기 고정 장치를 사용하기도 한다. 처음에 개발된 스마트
기기 고정 장치는 집게 모양이었다.

 **어휘친구**를 부탁해!

고정 관념은 버려!

과학은 아무리 해도 어려운 게 분명해. 열심히 공부했다고 생각했는데, 시험 점수가 나쁘다냥!

그건 잘못된 생각이야. 열심히 하면 분명 잘하게 될 거야. 과학이 어렵다는 고정 관념은 버려.

고정 관념? 고정 관념이 뭐냥?

마음속에 굳어 있어 변하지 않는 생각이랄까?

 냥냥이와 **퀴즈대결**

1. 한곳에 꼭 붙어 있거나 붙어 있게 하는 것은?

① 고장   ② 공정   ③ 고정   ④ 감정

2. 마음속에 굳어 있어 변하지 않는 생각을 (   ) 관념이라고 한다.

예쁘냥의 하루

101

36 극

전지에서 전류가 드나드는 양쪽 끝(양극과 음극이 있음). 자석에서 자력이 가장 센 양쪽 끝(N극과 S극이 있음)

極

다할 **극**

교과서 속 어휘찾기

- 자석에서 철로 된 물체가 많이 붙는 부분을 자석의 극이라고 한다.

- 막대자석과 둥근기둥 모양 자석에서 자석의 극은 양쪽 끝부분에 있다.

- 자석의 모양은 다양하지만 극은 항상 두 종류뿐이며, 자석의 두 극을 각각 N극과 S극이라고 한다.

'극'에 여러 가지 뜻이 있다고?

오늘은 과학 시간에 자석의 극에 대해 배웠어. 자석 양 끝에 가장 힘이 센 곳이 극이야. 그런데 이 '극'에 여러 가지 뜻이 있대.

나는 지축의 양쪽 끝, 북극과 남극의 극을 알아.

나는 건전지에서 + 표시된 부분을 양극, − 표시된 부분을 음극이라고 하는 것도 알지롱!

어떤 정도가 더할 수 없을 만큼 막다른 지경도 '극'이라고 하는 거 알아?

뭐 좀 먹고 하자. 나 배고픔이 극에 달했다냥!

퀴즈대결

1. 자석의 모양은 다양하지만 (   )은/는 항상 두 종류뿐이다.

2. 자석의 두 극을 (   )극과 (   )극이라고 한다.

어쩌냥의 하루

37 나침반

동, 서, 남, 북 따위의 지리적 방향을 알려 주는 기구

어휘교실

나침반으로 방향 확인하고 가자.

나침반은 무슨. 내비게이션을 봐!

羅	針	盤
벌일 **라(나)**	바늘 **침**	소반 **반**

교과서 속 어휘찾기

• 나침반은 나침반 바늘로 방향을 찾을 수 있는 도구이다.

• 나침반 바늘은 일정한 방향을 가리키는 성질이 있다.

• 자석 주변에 나침반을 놓으면 나침반 바늘은 자석의 극 쪽을 가리킨다.

 **길의 방향을 찾아 주는 나침반!**

나침반은 중국에서 처음 발명되었대.

그래?

응. 나침반은 일정한 방향을 가리키는 성질이 있어서 바다에서 항해를 하거나 비행기 항로의 방향을 설정하는 데 널리 이용되고 있다냥! 길을 잃어버렸을 때 나침반을 이용해서 길을 찾을 수도 있고.

그래서 무슨 일을 어떻게 해야 하는지 모를 때 하는 법을 알려 주는 사람에게 '나침반 같은 역할'을 했다고 표현하는구나.

냥냥이와 퀴즈대결

1. 동, 서, 남, 북 따위의 지리적 방향을 알려 주는 기구는?

① 돋보기   ② 현미경   ③ 나침반   ④ 루페

2. 나침반 바늘은 일정한 방향을 가리키는 성질이 있다. (O, X)

머라냥의 하루

38 날

무엇을 자르거나 깎는 데 쓰는 가위나 칼 따위의 도구에서 가장 얇고 날카로운 부분

어휘교실

조심해. 가윗날에 다칠 수 있어.

이건 아이들을 위한 안전 가위야.

날과 비슷한 말로 **서슬**, **칼날**이 있다.

교과서 속 어휘찾기

• 가윗날에 다치지 않도록 주의한다.

• 이발사는 면도칼을 집어 들고 가죽에 날을 갈았다.

• 못 쓰게 된 선크림으로 가윗날을 닦아 주면 녹이 슬거나 끈적거리는 부분을 제거해 깨끗하게 할 수 있다.

 **무디다, 날카롭다?**

'날'은 연장의 가장 얇고 날카로운 부분을 말해. 그래서 칼을 간다는 것은 무딘 칼날을 날카롭게 만든다는 거야.

날이 날카롭지 못한 것을 '무디다'고 하는구나!

'날'로부터 생긴 말이 '날카롭다'야. 날카로운 칼날처럼 실제로 뾰족한 부분에 쓰기도 하지만, 날카로운 비판, 날카로운 인상처럼 어떤 느낌을 의미할 때도 써.

지금 내 표정 어때? 날카롭지 않냥?

1. 무엇을 자르거나 깎는 데 쓰는 도구에서 가장 얇고 날카로운 부분은?

① 날   ② 달   ③ 탈   ④ 팔

2. 칼이나 송곳 따위의 끝이나 날이 날카롭지 못한 것을 뜻하는 말은?

① 무디다   ② 시퍼렇다   ③ 날카롭다   ④ 뾰족하다

괜찬냥의 하루

39 보완

모자라거나 부족한 것을 보충하여 완전하게 함

교과서 속 어휘찾기

• 장난감을 가지고 놀면서 좋은 점과 **보완**할 점을 이야기해 본다.

• 친구들에게 자석 장난감을 소개하고, **보완**할 점을 이야기한다.

• 자석을 이용해 집게 모양 고정 장치의 불편한 점을 **보완**했다.

돕다는 뜻을 가진 '보'

🐱 내 방을 열심히 꾸몄는데도, 아직도 보완해야 할 부분이 있다냥!

🐱 흠. 먼저 학교 공부 중 부족한 부분을 보충하는 게 어때?

🐱 공부는 나중에 할게. 그런데 보충이랑 보완의 '보' 자는 같은 뜻이냥?

🐱 응. 둘 다 '돕다'는 뜻을 가졌어. 완전하도록 돕고, 충분해지도록 돕는 것이니까. 보강, 개선도 보완과 비슷한 말이야.

🐱 지금 나 부족한 어휘 보충하고 보완한 거 맞지? 공부했으니 이제 놀자!

1. 모자라거나 부족한 것을 보충하여 완전하게 하는 것은?

① 보수 ② 보상 ③ 보완 ④ 보리

2. 다음 중 '보' 자의 뜻이 <u>다른</u> 하나는?

① 보충 ② 보완 ③ 보통 ④ 보강

알갓냥의 하루

40 수거

거두어 감

어휘교실

오늘은 분리수거 하는 날!

재활용품과 일반 쓰레기는 분리하여 버려야 한다냥!

캔

유리

收
거둘 **수**

去
갈 **거**

교과서 속 어휘찾기

- 자석 차의 앞부분에는 큰 자석이 설치되어 있어 고속도로에 떨어져 큰 사고를 일으킬 수 있는 철로 된 물체를 쉽게 수거할 수 있다.

- 환경 보호를 위해 폐건전지를 수거해야 한다.

- 플라스틱은 반드시 분리수거를 해야 한다.

환경을 보호하기 위해 다 쓴 건전지를 수거하는 캠페인을 하고 있다냥!

우리 학교에서는 어린이 봉사대가 쓰레기를 수거하는 활동을 하고 있어. 그런데 '수거' 말고 '회수'라는 어휘를 쓰면 어때?

'수거'는 거두어 간다는 뜻인데, '회수'는 먼저 준 다음에 그것을 다시 거두어들이는 것을 말해. 비슷하지만 조금 다르지.

 냥냥이와 퀴즈대결

1. 거두어 가는 것을 (수거, 회수), 준 것을 다시 거두어들이는 것을 (수거, 회수)라고 한다.

2. ( ) 안에 공통으로 들어갈 어휘는?

- 쓰레기 분리( )   • 폐건전지 ( )

예쁜냥의 하루

111

위조지폐

진짜처럼 보이게 만든 가짜 지폐

偽	造	紙	幣
거짓 **위**	지을 **조**	종이 **지**	화폐 **폐**

교과서 속 어휘찾기

- 지폐에서 금액을 나타내는 숫자 부분에는 미세한 자석 가루가 포함되어 있고, 현금 자동 입출금기(ATM)에는 자석을 확인할 수 있는 감지기가 있어 **위조지폐**를 찾아낼 수 있다.

- 일반인이 **위조지폐**를 진짜 지폐와 분간하는 것은 쉽지 않다.

이거 가짜 지폐야. 복사한 티가 많이 나!

가짜 지폐가 아니라 위조지폐라고 해! 위조지폐는 가짜를 뜻하는 '위조'와 종이 돈을 뜻하는 '지폐'가 합쳐진 어휘야.

가짜에는 다 위조를 붙이면 되겠네.

맞다냥! 위조 여권, 학력 위조, 성적 위조처럼 '위조'가 들어가면 가짜를 의미하지.

머라냥이 이렇게 똑똑했었나? 혹시…, 너는 위조 머라냥? 하하! 농담이야.

1. 진짜처럼 보이게 만든 가짜 지폐는?

① 위기 탈출   ② 위조지폐   ③ 위험천만   ④ 위태위태

2. 위조지폐는 (가짜, 진짜)를 뜻하는 '위조'와 종이돈을 뜻하는 '지폐'가 합쳐진 어휘
   이다.

모르냥의 하루

42 회전

어떤 것을 축으로 물체 자체가 빙빙 돎. 어떤 물체를 중심으로 하여 그 주위를 빙빙 돎. 방향을 바꾸어 움직임

회전목마 재미있어.
또 타야지!

돌아올 **회**

구를 **전**

교과서 속 어휘찾기

• 자석은 무인 비행기에도 이용된다. 무인 비행기의 **회전** 날개에 들어 있는 자석은 날개를 돌리는 데 중요한 역할을 한다.

• 막대자석 주위에 나침반 여섯 개를 놓은 뒤, 막대자석을 천천히 **회전**시키면 나침반 바늘이 움직인다.

회전은 한 방향으로 도는 것을 말해. 여기서 퀴즈! 그러면 가다가 왼쪽으로 방향을 바꾸는 것은 무엇이라고 할까?

좌회전이잖아. 오른쪽으로 바꾸는 것은 우회전이고. 이제 내가 퀴즈 낼게. 정상적인 방향에 대해 거꾸로 회전하는 것은 무엇이라고 할까?

이 퀴즈는 너무 어렵잖냥!

하하! 역전이라고 해. 방향이 바뀌는 것뿐만 아니라 경기의 흐름이나 상황이 바뀌는 것도 역전이라고 하지.

1. 어떤 것을 중심으로 하여 그 주위를 빙빙 도는 것을 역전이라고 한다. (O, X)

2. 방향을 바꾸어 움직이는 것을 뜻하는 말이 아닌 것은?

① 좌회전   ② 우회전   ③ 회전   ④ 환전

어쩌냥의 하루

115

끌어당기다

책상에 바른 자세로 앉으려면 의자에 뒤로 기대듯이 앉으면 안 되고 의자를 책상 가까이 끌어당겨 앉아야 해. 무엇인가를 끌어서 가까이 오게 만드는 것을 '끌어당기다'라고 해. 자석이 클립을 끌어당기는 것, 추울 때 이불을 끌어당기는 것처럼 말이야.

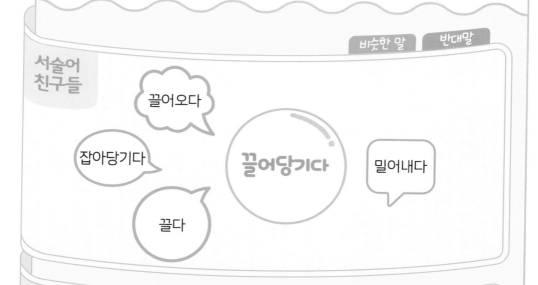

비슷한 말 | 반대말

서술어 친구들

끌어오다

잡아당기다

끌어당기다

밀어내다

끌다

개념어랑 서술어랑

극, 나침반 + 끌어당기다

자석의 양쪽 끝은 철로 된 물체를 끌어당기는 힘이 가장 센 부분이야. 그곳을 자석의 '극'이라고 하지. 자석 주변에 나침반을 놓으면 나침반 바늘은 자석의 극을 가리켜. 왜냐하면 나침반 바늘도 자석이거든.

이쪽이 북쪽!

띄우다

친구들과 함께 풍선이 바닥에 닿지 않도록 손으로 계속 올려본 적 있니? 물을 더 시원하게 만들기 위해서 물에 얼음을 올려본 적은?
어떤 물건이 물 위나 공중에 있게 하는 것을 '띄우다'라고 말해. '분위기를 띄우다'처럼 물체가 아닌 경우에도 활용할 수 있어.

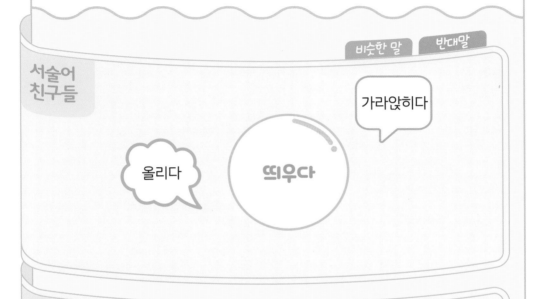

서술어 친구들

비슷한 말　반대말

올리다　　띄우다　　가라앉히다

개념어랑 서술어랑

고정 + 띄우다

부표는 배의 안전한 항해를 돕기 위하여 항로를 지시하거나, 위험물이 있음을 경고하기 위해 띄우는 항로 표지의 하나야. 부표가 이동하지 않고 고정될 수 있도록 해저의 위치에서 해면까지 사슬로 연결하여 띄우지.

저 쪽이다!

팽팽하다

운동회 때 줄다리기를 하다 보면 양편에서 서로 줄을 잡아당기다 보니 줄이 단단해지고 쭉 펴지잖아. 줄 따위가 늘어지지 않고 힘 있게 곧게 펴져서 튀기는 힘이 있는 상태를 '팽팽하다'라고 표현해.

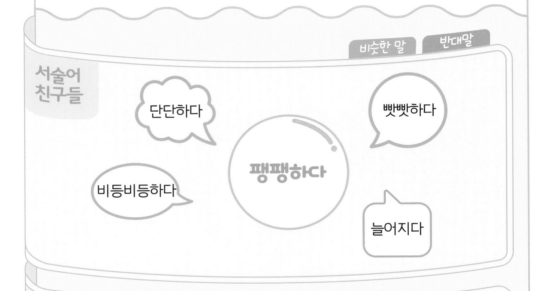

비슷한 말 반대말

서술어 친구들

단단하다

비등비등하다

빳빳하다

팽팽하다

늘어지다

개념어랑 서술어랑

고정 + 팽팽하다

운동장에서 50m 달리기를 하려고 해. 먼저 50m 거리를 측정해야 하는데, 이때 주의할 점은 가지고 있는 줄자를 출발선에 고정시킨 후 팽팽하게 유지한 채로 재야 한다는 거야. 그래야 정확한 거리를 측정할 수 있거든.

왜 잴 때마다 다르냥?

흩어지다

아이들과 술래잡기를 할 때 가위바위보를 하여 술래가 결정되면 나머지 친구들은 술래에게서 멀리 떨어져 여러 곳으로 도망가잖아. 이처럼 모여 있던 것이 따로따로 떨어지거나 사방으로 퍼지는 것을 '흩어지다' 라고 해.

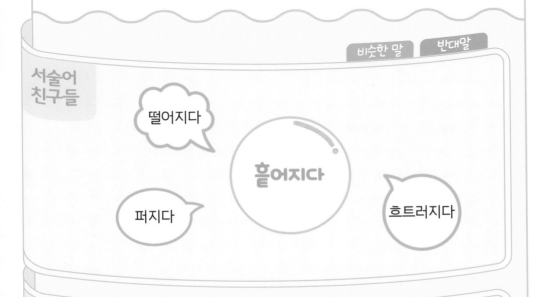

비슷한 말   반대말

서술어 친구들

떨어지다

흩어지다

퍼지다

흐트러지다

개념어랑 서술어랑

날, 수거 + 흩어지다

분리수거를 하기 위해 모아 두었던 빈 병이 깨지면서 파편이 여기저기 흩어졌어. 친구들이 깨진 유리의 날카로운 날에 다칠까 봐 빨리 치웠는데, 아직도 여기저기 깨진 흔적이 남아 있네. 다들 조심하자!

조심해야 겠다.

5.

지구의 모습

무엇을 배우나요?

5단원에서는 우리가 살고 있는 지구의 모양, 육지, 바다, 공기에 관한 특징을 배울 거예요. 지구와 달을 비교하고, 지구의 모양과 표면의 모습을 알며, 지구의 바다와 지구를 둘러싼 공기를 이해할 수 있어요. 또 달과 비교해 지구가 생명이 살 수 있는 소중한 공간임을 배울 수 있어요.

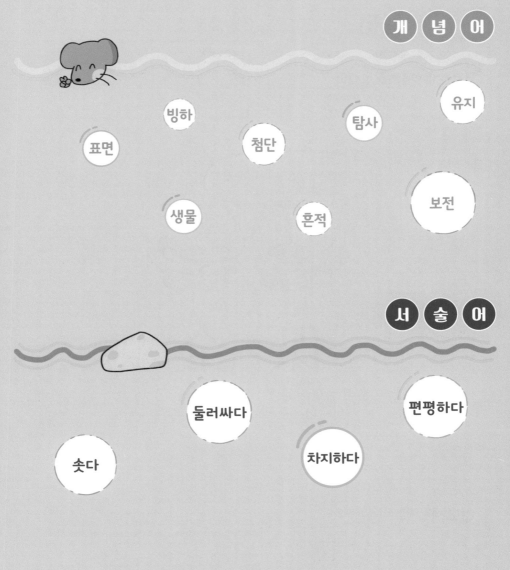

개 념 어

빙하

유지

표면

탐사

첨단

생물

흔적

보전

서 술 어

둘러싸다

편평하다

솟다

차지하다

43 보전

온전하게 보호하여 유지함

어휘교실

환경 보전에 힘쓰는 것은
우리 후손을 위한 일이기도 하지만,
우리를 위한 일이기도 해.

保	全
지킬 **보**	온전할 **전**

교과서 속 어휘찾기

- 우리는 공기를 깨끗하게 **보전**하기 위해 노력해야 한다.

- 지구에서 생물이 살아갈 수 있는 환경을 **보전**하기 위해 내가 할 수 있는 일은 무엇인지 알아본다.

122

보전, 보존, 보호에 모두 들어 있는 '보' 자의 의미를 알아?

당연하지. '保(지킬 보)'잖아. 그런데 보전과 보존은 좀 헷갈린다냥!

맞아. 모두 '지킨다'는 의미가 있지. '보전'은 바뀌는 것 없이 온전하게 지키는 것을, '보존'은 잘 보호하고 간수하여 남기는 것을, '보호'는 위험이나 곤란 따위가 미치지 아니하도록 잘 보살펴 돌보는 것을 의미해.

의미가 모두 비슷비슷하네.

1. (보전, 보상)은/는 온전하게 보호하여 유지하는 것이다.

2. 다음 중 '지킨다'는 의미가 있는 어휘가 <u>아닌</u> 것은?

① 보람   ② 보전   ③ 보호   ④ 보존

괜찬냥의 하루

44 빙하

추운 지역에서 오랫동안 쌓인 눈이 얼음덩어리로 변하여 그 자체의 무게로 압력을 받아 이동하는 현상. 또는 그 얼음덩어리

교과서 속 어휘찾기

• 지구에는 물이 있는 강이나 호수, 바다도 있고, 모래가 끝없이 펼쳐진 사막과 얼음으로 된 빙하도 있다.

• 빙하 연구원은 남극의 빙하를 연구하는 일을 한다. 빙하는 오랫동안 녹지 않은 얼음으로, 오래전 지구의 기록을 그대로 간직하고 있다.

빙하, 빙수, 빙상에는 모두 얼음을 뜻하는 '氷(빙)'이라는 한자가 들어 있어.

'빙'이 얼음을 뜻하는 거냥?

빙수는 먹어 봤지? 우유 빙수, 팥빙수, 과일 빙수처럼 얼음 위에 맛있는 음식을 올린 거 말이야. '빙상'은 얼음 위를 말해. 피겨 스케이트나 쇼트트랙 같은 종목을 빙상 스포츠라고 하잖아.

나도 스케이트 잘 타고 싶다냥!

 냥냥이와 퀴즈대결

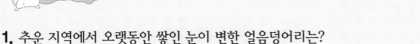

1. 추운 지역에서 오랫동안 쌓인 눈이 변한 얼음덩어리는?

① 빙수   ② 빙하   ③ 아이스크림   ④ 고드름

2. 다음 중 '빙'의 의미가 <u>다른</u> 하나는?

① 빙수   ② 빙하   ③ 빙긋   ④ 빙상

모르냥의 하루

生物

45 생물

생명을 가지고 스스로 생활 현상을 유지하여 나가는 물체

어휘교실

우리 모두의 공통점이 뭔지 아냐?

영양, 운동, 생장, 증식을 하는 생물이라는 거!

生	物
날 **생**	물건 **물**

교과서 속 어휘찾기

• 지구에는 다양한 **생물**이 살고 있지만, 달에는 **생물**이 살지 않는다.

• 달과 비교하여 지구는 물, 공기, 온도 따위의 환경이 **생물**이 살기에 알맞다.

• 공기는 **생물**이 살아가기에 알맞은 온도를 유지시켜 주고, 지구를 보호해 주기도 한다.

 어휘친구 를 부탁해!

생물과 생명은 늘 헷갈려. 둘의 다른 점이 뭐냥?

'생물'은 생명을 가지고 스스로 살아가는 물체, '생명'은 생물로서 살아 있게 하는 힘을 말해.

생명이 없으면 생물이 아니구나.

생명은 소중해. 특히 나 같은 냥냥이 생물은 더욱 소중하지!

 냥냥이와 퀴즈대결

1. 생명을 가지고 스스로 생활 현상을 유지하여 나가는 물체는?

   ① 생수　　　　② 생일　　　　③ 생물　　　　④ 생존

2. 다음 중 생물이 아닌 것은?

   ① 토끼　　　　② 장미　　　　③ 잠자리　　　　④ 지우개

어쩌냥의 하루

127

46 유지

어떤 상태나 상황을 그대로 보존하거나 변함없이 계속하여 지탱함

어휘교실

이 점수를 계속 유지하는 것도 놀라운 일이다.

이것도 다 능력 아니겠어?

維 벼리 **유**

持 가질 **지**

교과서 속 어휘찾기

- 지구 환경을 깨끗하게 유지하기 위해 내가 할 수 있는 일을 알아본다.

- 지구에는 공기가 있어 생물들이 숨을 쉴 수 있으며, 동물과 식물이 살 수 있도록 적절한 온도를 유지해 준다.

 어휘친구 를 부탁해!

🐱 '유지'는 어떤 상태나 상황을 그대로 이어 나가는 거잖아. 어떤 상황에서 쓸 수 있을까?

🐱 난 아빠가 운전하실 때 안전거리를 유지해야 한다고 말씀하셨던 기억이 나.

🐱 건강을 유지하거나 생명을 유지하는 것에도 쓸 수 있어.

🐱 질서 유지 혹은 평화 유지에도 쓸 수 있지.

 냥냥이와 퀴즈대결

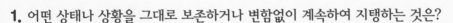

1. 어떤 상태나 상황을 그대로 보존하거나 변함없이 계속하여 지탱하는 것은?

① 유지   ② 유령   ③ 유치   ④ 유산

2. 다음 중 어휘의 쓰임이 가장 <u>어색한</u> 것은?

① 질서 유지   ② 세계 평화 유지

③ 안전거리 유지   ④ 괴롭힘 유지

괜찮냥의 하루

47 첨단

시대나 학문, 유행 따위의 가장 앞서는 자리

어휘교실

난 항상 유행의 첨단을 걷고 있다냥.

尖
뾰족할 **첨**

端
끝 **단**

교과서 속 어휘찾기

• 일상에서의 간단한 이용뿐만 아니라 컴퓨터, 무인 비행기, 인공지능 로봇 따위의 **첨단** 과학 제품에도 이용된다.

• **첨단** 소재, 다양한 장비 따위가 개발되면서 우주복의 모습도 변화했다.

어휘친구를 부탁해!

넌 항상 패션의 첨단을 걷네!

뭐, 첨단이라고? 첨단은 뾰족하다는 뜻의 '첨'과 끝을 나타내는 '단'이 합쳐진 어휘잖아. 내가 뾰족하다는 거냥?

첨단에 그런 의미도 있지. 그런데 물체에서 뾰족한 부분은 꼭대기이거나 가장 앞부분이잖아. 그래서 첨단은 가장 먼저 앞장서는 것을 말해. 유행이나 흐름 또는 시대에 앞선 것들 말이야.

하하! 칭찬이었네. 앞으로 나를 첨단냥이라고 불러 줘.

퀴즈대결

1. 시대나 학문, 유행 따위의 가장 앞서는 자리는?

① 청소   ② 첨성대   ③ 첨단   ④ 첨가

2. 첨단의 '첨'은 (뾰족함, 끝)을 의미하고, '단'은 (뾰족함, 끝)을 의미한다.

알갓냥의 하루

48 탐사

알려지지 않은 사물이나 사실 따위를 샅샅이 더듬어 조사함

어휘교실

우리별 1호는 우리나라의 첫 우주 탐사선이야.

이제 우리 기술로 우주를 조사할 수 있겠네!

探 찾을 **탐**

查 조사할 **사**

교과서 속 어휘찾기

• 오래전부터 많은 나라가 달을 **탐사**했다.

• 달 표면을 **탐사**하려면 우주복을 입어야 한다.

• 지구 밖 우주에는 오래되거나 고장난 인공위성과 로켓, 우주**탐사**선 따위가 떠돌아다니는데, 이것을 우주쓰레기라고 한다.

궁금한 것을 깊이 연구하는 것을 탐구라고 했는데, 탐사랑 다른 거냥?

탐구와 탐사 모두 '찾다'라는 뜻의 '探(탐)'을 사용해. '탐구'는 궁금한 것에 대해 깊이 연구하는 것인데, '탐사'는 알려지지 않은 사물이나 사실을 샅샅이 조사하는 것이야.

그래서 달 탐구, 우주 탐구가 아닌 달 탐사, 우주 탐사라고 하는구나.

맞다냥! 그리고 탐사하기 위해 쏘아 올린 비행 물체를 탐사선이라고 하지.

 냥냥이와 퀴즈대결

1. 알려지지 않은 사물이나 사실 따위를 샅샅이 더듬어 조사하는 것은?

① 탐구   ② 탐험   ③ 탐문   ④ 탐사

2. 궁금한 것에 대해 깊이 연구하는 것은?

① 탐구   ② 탐험   ③ 탐문   ④ 탐사

모르냥의 하루

표면

사물의 가장 바깥쪽 또는 가장 윗부분. 겉으로 나타나거나 눈에 띄는 부분

만져 봐. 레몬 표면이 매끄러워.

내 레몬 표면은 거칠거칠해.

表	面
겉 **표**	낯 **면**

교과서 속 어휘찾기

- 지구 **표면**의 모습에는 높고 낮은 산, 넓게 펼쳐진 들, 물이 흐르는 강, 파도가 출렁이는 바다가 있다.

- 달 **표면**에서 어둡게 보이는 곳을 달의 바다라고 부르지만, 달의 바다에는 물이 없다.

 를 부탁해! **지구와 달 표면의 공통점과 차이점?**

지구와 달 표면의 공통점은 뭐냥?

지구와 달 모두 둥근 모양이고, 표면에 돌과 흙이 있어.

그러면 차이점은?

지구는 구름이 있는 곳이 하얗게 보이고, 물이 있는 바다와 육지가 있어. 달에
는 구름이 없고, 운석 구덩이가 많이 보여.

지구와 달 공부도 했으니, 달 여행을 가야겠다냥!

1. 사물의 가장 바깥쪽 또는 가장 윗부분을 뜻하는 말은?

① 표범   ② 표면   ③ 표정   ④ 표준

2. 달은 둥근 모양이고, 표면에 돌과 물이 있다. (O, X)

예쁘냥의 하루

50 흔적

사물이나 현상이 없어졌거나 지나간 뒤에 남은 자국이나 자취

어휘교실

눈 위에 우리 흔적을 남기자냥!

痕
흔적 **흔**

跡
발자취 **적**

교과서 속 어휘찾기

- 달 탐사선이 달 표면에서 물의 흔적을 찾았다.

- 달의 표면에 많이 보이는 운석 구덩이는 크고 작은 운석이 달의 표면에 떨어지면서 크게 충돌하여 깊이 파인 흔적이다.

- 지금까지 달에서 생명체의 흔적이 발견된 적이 없다.

어쩌냥, 너 여기에서 과자 먹었냥?

아…, 아니.

책상 위에 과자 부스러기가 이렇게 많은데 안 먹었다고?

흑! 내가 아무도 모르게 하려고 흔적을 지웠는데….

흔적을 지우긴. 이렇게 많은 흔적이 있구만.

1. 흔적은 사물이나 현상이 없어졌거나 지나간 뒤에 남은 자국이나 자취이다. (O, X)

2. 다음 (   ) 안에 공통으로 들어갈 어휘는?

> • (   )을/를 지우다.   • (   )을/를 남기다.

어쩌냥의 하루

둘러싸다

재미있는 놀잇감을 발견했을 때 친구들이 서로 보겠다고 둥글게 에워싸는 거 본 적 있지? 이처럼 전체를 둘러서 감싸는 것을 '둘러싸다' 라고 해. 둥글게 에워싸거나 어떤 것을 행동이나 관심의 중심으로 삼을 때도 '둘러싸다' 라고 표현하지.

비슷한 말 　 반대말

서술어 친구들

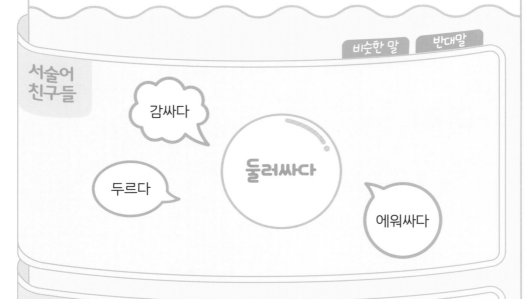

감싸다

둘러싸다

두르다

에워싸다

개념어랑 서술어랑

생물, 유지 + 둘러싸다

지구를 둘러싸고 있는 공기 덕분에 지구에는 많은 생물들이 생명을 유지하며 살아가고 있어. 공기가 우리 주위를 둘러싸고 있기 때문에 우주에서 오는 해로운 물질을 막아 주고, 바람이 불게 해 주며, 비행기를 날 수 있게 해 줘.

내가 숨 쉴 수 있게 해 주는 공기.

솟다

위로 올라오는 것을 말하는데, 천천히 조금씩 올라오는 느낌이 아니라 세차게 혹은 곧바로 오를 때 '솟다'라는 표현을 써. 산이 높이 솟아 있거나, 기름값이 갑자기 많이 올랐거나, 땅에서 새싹이 돋아날 때도 '솟다'라고 말하지.

서술어 친구들

비슷한 말   반대말

돋다

돋아나다

솟다

샘솟다

개념어랑 서술어랑

첨단, 흔적 + 솟다

시내에 새로 지어진 우뚝 솟은 건물 봤어? 첨단 기술을 활용하여 설계한 건물이래. 이 건물의 1층 식당에서 로봇이 음식을 나르는 모습을 봤어. 이런 멋진 건물에 내가 다녀 간 흔적을 남겨야 하지 않겠어?

멋지다!

차지하다

동생이 내가 아끼던 연필을 가지고 갔을 때, 내가 좋아하는 축구 팀이 이겼을 때, 우리 반 친구들이 휴대 전화를 가지고 있는 비율이 어느 정도인지 말할 때 '차지하다' 라는 표현을 써. 물건이나 지위를 자기 몫으로 가지거나, 얼마만큼의 비율인지 말을 할 때처럼 말이야.

비슷한 말　반대말

서술어 친구들

가지다

차지하다

구성하다

맡다

개념어랑 서술어랑

빙하, 유지 + 차지하다

빙하는 전 육지 면적의 약 10 %에 해당하는 부분을 차지하고 있어. 이런 빙하가 지구 온난화의 영향으로 녹고 있지. 빙하가 녹으면 해수면이 상승하여 해안 낮은 지대가 물에 잠길 수 있어. 우리 모두 빙하가 유지되도록 노력하자.

지구야, 아프지 마!

편평하다

울퉁불퉁하지 않고 바닥이 판판한 곳을 '평평하다'라고 해. 그런데 거기에 '넓다'라는 의미를 더하여 넓고 평평한 곳을 '편평하다'라고 표현하지. 옛날 사람들은 지구가 편평하다고 생각해서 한 방향으로 계속 나아가면 낭떠러지로 떨어진다고 믿었대.

서술어 친구들

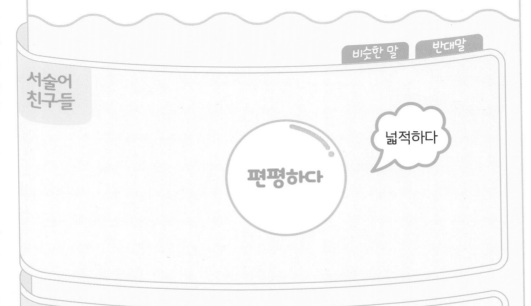

편평하다

넓적하다

개념어랑 서술어랑

표면 + 편평하다

사육 상자에서 배추흰나비를 키울 때 사육 상자는 햇빛이 직접 닿지 않고, 바람이 잘 통하는 편평한 곳에 두어야 해. 알이나 애벌레를 옮길 때에는 손으로 직접 만지지 않고, 애벌레에게 먹이를 줄 때에는 표면에 물기를 없애고 줘야 해.

애벌레가 허물을 벗었다냥!

정답

01	감각	1. 감각	2. ③
02	관찰	1. ①	2. ③
03	기준	1. ③	2. ○
04	맥박	1. ④	2. ③
05	무리	1. 무리	2. ④
06	분류	1. ①	2. ④
07	예상	1. ②	2. ③
08	의사소통	1. ①	2. ×
09	채집	1. 채집	2. ④
10	추리	1. ③	2. ②
11	측정	1. ③	2. ①
12	탐구	1. ③	2. ④
13	환기	1. ①	2. 환기
14	광택	1. ③	2. ④
15	물질	1. ③	2. ④
16	물체	1. ①	2. ③
17	설계	1. ②	2. ○
18	성질	1. ③	2. 금속, 고무
19	신소재	1. ①	2. ③
20	쓰임새	1. 쓰임새	2. ②
21	친환경	1. ①	2. ④
22	흡수	1. ②	2. ③
23	갓	1. ③	2. ④
24	곤충	1. ×	2. ②
25	도감	1. ②	2. ×

26	멸종	1. ④	2. ×	
27	번식	1. 번식	2. ④	
28	불완전	1. ②	2. ③	
29	사육	1. ④	2. 사육	
30	암수	1. 암수	2. ③	3. ×
31	완전	1. ④	2. 완벽, 불완전	
32	탈바꿈	1. 탈바꿈	2. ②	
33	한살이	1. 한살이	2. 번데기	
34	허물	1. ○	2. 허물	
35	고정	1. ③	2. 고정	
36	극	1. 극	2. N, S	
37	나침반	1. ③	2. ○	
38	날	1. ①	2. ①	
39	보완	1. ③	2. ③	
40	수거	1. 수거, 회수	2. 수거	
41	위조지폐	1. ②	2. 가짜	
42	회전	1. ×	2. ④	
43	보전	1. 보전	2. ①	
44	빙하	1. ②	2. ③	
45	생물	1. ③	2. ④	
46	유지	1. ①	2. ④	
47	첨단	1. ③	2. 뾰족함, 끝	
48	탐사	1. ④	2. ①	
49	표면	1. ②	2. ×	
50	흔적	1. ○	2. 흔적	

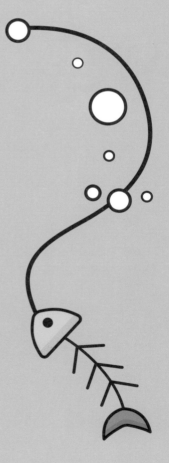

1판 1쇄 펴냄 | 2023년 1월 5일
1판 2쇄 펴냄 | 2024년 3월 5일

기   획 | 이은견
글 | 이은경·박명선
그   림 | 김재희
발행인 | 김병준
편   집 | 이현주·박유진·김리라
마케팅 | 김유정·최은규
디자인 | 김용호·권성민
발행처 | 상상아카데미

등록 | 2010 .3. 11. 제313-2010-77호
주소 | 서울시 마포구 독막로 6길 11(합정동), 우대빌딩 2,3층
전화 | 02-6953-7790(편집), 02-6925-4188(영업)
팩스 | 02-6925-4182
전자우편 | main@sangsangaca.com
홈페이지 | http://sangsangaca.com

ISBN 979-11-85402-73-4 (64080)
        979-11-85402-70-3 (64080) (세트)